Himmlische Lust

Ruth Westheimer
Jonathan Mark

Himmlische Lust

Liebe und Sex in der
jüdischen Kultur

Aus dem Englischen von
Angelika Schweikhart

Büchergilde
Gutenberg

Die englische Originalausgabe »Heavenly Sex« erschien 1995 bei
New York University Press, New York und London.
Copyright © 1995 by New York University

Lizenzausgabe für die Büchergilde Gutenberg
Frankfurt am Main und Wien
mit freundlicher Genehmigung der
Campus Verlags GmbH, Frankfurt am Main

Copyright © 1996. Alle deutschsprachigen Rechte
bei Campus Verlag GmbH, Frankfurt/Main
Satz: Satzstudio Renate Rolfs, Hillesheim
Druck und Bindung: Friedrich Pustet, Regensburg
Gedruckt auf säurefreiem und chlorfrei gebleichtem Papier.
Printed in Germany
ISBN 3 7632 4517 0

Ich möchte dieses Buch dem Andenken an meine ganze Familie widmen, die im Holocaust ums Leben gekommen ist. Ich bin dankbar, daß sie mir, bevor ich sie verlor, die Werte der jüdischen Tradition vermittelten. Besonders dankbar bin ich meinem Vater, der mit mir »gelernt« hat, obwohl ich kein Junge war, und meiner Großmutter, die mir vor ihrer Deportation in jedem Brief geschrieben hat, ich solle eifrig studieren und auf Gott vertrauen.

Zu dem jüdischen Wissen, das mich mein Vater gelehrt hat, gehörte der Ausspruch von Rabbi Mattithia ben Heresch: »wo-he-we zanov la-arajot w'al tehe rosch la-schualeem – sei den Löwen Schwanz und nicht den Füchsen Kopf« (Pirke Aboth 4, 20).

Dieser weise Spruch sagt, daß wir nicht Experten für alles sein können, aber daß unser Beitrag auch den Gelehrtesten und Mächtigsten eine Bereicherung sein kann. Er sagt mit anderen Worten, was auch der rabbinische Midrasch sagt: Wir lernen von den Riesen, die uns vorausgingen. Weil wir auf ihren Schultern stehen, können wir weiter sehen als sie und uns neue Wege erschließen.

Ich widme dieses Buch auch meiner heutigen Familie: meinem Mann Fred, meiner Tochter Dr. Miriam Westheimer und ihrem Mann Joel Einleger und unserem Sohn mit seinem neuen akademischen Grad, Dr. Joel Westheimer, und besonders meinem Enkel Ari.

Ruth K. Westheimer

Dieses Buch ist Ruchy gewidmet.

Jonathan Mark

Inhalt

Danksagung

Ich möchte denen danken, die mir in all den Jahren ihre Unterstützung und Freundschaft gegeben haben: Mary Cuadrado, Rabbi und Mrs. Leonard Kravitz, Rabbi William Lebeau, Rabbi und Mrs. Robert Lehman, Rabbi und Mrs. Schlomo Riskin, Rabbi Selig Salkowitz, Josh Gafni, Ellen Goldberg, Alfred Kaplan, Marga und Bill Kunreuther, Pierre und Joanne Lehu, Lou Lieberman, Ph. D., Werner Linz, John und Ginger Lollos, Dale Ordes, Fred und Ann Rosenberg, Cliff Rubin, Rose und Simeon Schreiber, Amir Shaviv, Geoffrey Wigoder, Ben Yagoda. Besonders möchte ich meinen Freunden bei der New York University Press danken, Colin Jones, dem Leiter der NYU Press, Niko Pfund, dem hervorragenden Herausgeber, und Despina Papazoglou Gimbel, der zuständigen Lektorin.

Ruth K. Westheimer

Ich möchte zuerst die Herrlichkeit Gottes preisen, der Mann und Frau, Sex und Liebe zu einem himmlischen Zweck geschaffen hat. Was immer dem Leser in diesem Buch auch mißfallen mag, die Schuld dafür liegt bei den Autoren und nicht bei dem Heiligen oder den Überlieferungen Seines Volkes.

Das Buch ist von meiner Frau Ruth angeregt und ihr gewidmet. Sie ist für mich ein Gottesgeschenk, ihre beständige

Liebe, ihre Aufmunterung, Heiterkeit, Weisheit, Einsicht und Unterstützung haben das Projekt möglich gemacht. Es ist auch unseren Kindern Sara Noa Nechama und Rebecca Yona Moriah gewidmet.

Besonders wertvoll ist für mich die Freundschaft von Allan Leicht und Renee, denen ich viel verdanke. Sie waren es auch, die mich mit Dr. Westheimer bekannt gemacht haben. Dankbarkeit schulde ich auch meinen Eltern Elaine und Mordecai Lippa ben Yitzhak Zev, möge ihr Andenken ein Segen sein; meinen Vorfahren, die die Tradition lebendig erhielten; Deborah Mark, Naomi und Rabbi Tsvi Blanchard und Stephen Kaufman für ihre einzigartige Großzügigkeit und Ermutigung; Rabbi Shlomo Carlebach, dessen Liebe zur Tora immer inspirierend ist; Rabbi Meir Fund für seine Träume und Traumlehre; all den großen Rabbinern von Breslau, Pishishka, Lubawitsch, Lizinsk und Izbiche; Eric Nooter und den Kollegen und Freunden bei *Jewish Week* und anderswo im jüdischen Journalismus.

Auch ich möchte unseren Herausgebern bei der NYU Press danken und ebenso denen, die mit uns ihre himmlischen Geheimnisse, Ängste, Phantasien und romantischen Erlebnisse geteilt haben.

Jonathan Mark

Hausfrieden

Als ich noch nicht »Dr. Ruth«, sondern ein liebes, kleines Mädchen namens Karola Ruth Siegel war, das in einer orthodox jüdischen Familie in Frankfurt am Main in Deutschland aufwuchs, war ich keineswegs daran gewöhnt, Wörter wie Penis, Vagina, Orgasmus oder Klitoris zu sagen oder zu hören. Schnappte ich zufällig doch einmal ein solches Wort auf, wurde ich rot.

Manchmal werde ich jetzt noch rot. Wir waren europäische Juden, mehr europäisch als jüdisch, und durch und durch von der prüden viktorianischen Haltung jener Zeit beeinflußt – eine Haltung, die bei vielen von uns immer noch das Denken, Handeln und Reden über Sex beeinflußt.

Warum muß ich, wenn ich über Sex spreche, dazusagen, daß wir mehr in der europäischen als in der jüdischen Kultur verwurzelt waren? Einfach deshalb, weil wir, wäre unsere Haltung stärker jüdisch als europäisch beeinflußt gewesen, dem Sex gegenüber offener und neugieriger gewesen wären, als es die meisten für möglich halten würden – und dazu gehören auch viele Juden, die mit ihrer eigenen Tradition nicht vertraut sind.

Was sagte eine viktorianische Mutter zu ihrer Tochter vor der Hochzeitsnacht? »Beiß die Zähne zusammen und denk an England.« In der jüdischen Tradition aber gibt es Hinweise, Anreize und sogar eine Verpflichtung zum Orgasmus – ja, auch den einer Frau.

Besonders den einer Frau. In der jüdischen Hochzeitszeremonie ist die sexuelle Befriedigung Teil des Vertrags. Unter dem Hochzeitsbaldachin verspricht der Bräutigam der Braut, daß er ihr in angemessenem Umfang Nahrung, Unterkunft und sexuelle Befriedigung verschaffen wird. Selbst von den heiligsten Männern wird erwartet, daß sie heiraten. Enthaltsamkeit ist keine Tugend – der Orgasmus schon.

In früheren Zeiten sagten manche Rabbis, wenn ein Mann seine Frau zum Orgasmus bringt, bevor er ejakuliert, dann wird er mit einem Sohn belohnt – eine Belohnung, die für einen Mann als ebenso wertvoll galt, wie ein Orgasmus für die Frau befriedigend ist.

Als Sexualwissenschaftlerin weiß ich, wie wichtig es ist, daß Frauen nicht über einen längeren Zeitraum sexuell aktiv sind, ohne einen Orgasmus zu haben. Es gibt eine spirituelle Tradition, in der verstanden wurde, daß in einer sexuellen Beziehung beide Partner auf die sexuellen Bedürfnisse des anderen achten und sie wahrnehmen müssen. Die Gleichung zwischen orgasmischer Befriedigung und dem Geschlecht des Kindes erscheint dem modernen Beobachter heute natürlich seltsam, und das sollte sie auch. Dennoch ist es erstaunlich, daß die Weisen in früheren Zeiten sich darum bemühten, bei ihren Anhängern die Vorstellung zu fördern, daß es einen Orgasmus der Frau gibt, daß dieser etwas Kostbares ist und daß eine Frau nicht nur ein untergeordnetes Gefäß für den Mann ist.

Der jüdische Schriftsteller Maurice Samuel scherzt, »Juden sind viel zu sehr damit beschäftigt, Kinder zu bekommen, als daß sie sich um Sex kümmern könnten«, aber die Tradition ermuntert Mann und Frau, Sex nicht nur zur Fortpflanzung zu haben, sondern auch zum Vergnügen. In den Bibliotheken der

Synagogen und Studierräumen in Frankfurt konnte man einen rabbinischen Kommentator, bekannt als Ramban (das populäre Akronym für Rabbi Mosche ben Nachman, Nachmanides) studieren, der als einer der größten Rabbis des Jahrtausends gilt. Er lebte von 1195 bis 1270, doch man sprach von ihm und zitierte ihn im Präsens, als würde er noch leben. Er lehrte, ein Ehemann könne mit seiner Frau »in jeder beliebigen Weise verfahren und jedes Organ ihres Körpers nach Wunsch küssen und Geschlechtsverkehr auf natürliche und unnatürliche Weise haben«. Paare sollten beim Geschlechtsverkehr unterschiedliche Positionen einnehmen, dazu gehört auch das Eindringen in die Vagina von hinten (interessant aus der Perspektive eines Sextherapeuten, da die exponierte Klitoris Möglichkeiten für ein größeres Lustgefühl bietet).

Sex dient nicht nur der Fortpflanzung, sondern auch dem Vergnügen. Wie aber kommen Menschen, die mit den traditionellen Werten der sexuellen Zurückhaltung großgeworden sind, zu der sexuellen Vertrautheit, die notwendig ist, um verschiedene Sexualpositionen auszuprobieren und sexuelle Bedürfnisse ausdrücken zu können? Wie bringt man jungen zurückhaltenden Männern und Frauen bei, ihre Kleider auszuziehen, Lust zu geben und zu empfangen und sich auf eine Art und Weise zu berühren und zu lieben, die nicht »Standard« ist? Vielleicht ist dies einer der Gründe, warum die Tradition die Menschen in der Blüte ihrer sexuellen Energie und Wünsche drängt, der Sublimierung weniger und dem Genießen von Sex als einer Mizwa, einem göttlichen Gebot, mehr Zeit zu widmen.

Eine Rebbezen (wie die Frau eines Rabbiners genannt wird) gibt zum Beispiel Frauen, die bald heiraten werden, Brautunterricht. Die Rebbezen rät den Bräuten, »immer nur Hühnersuppe ist nicht besonders interessant«, so wenig wie die entsprechende sexuelle Diät. Wenn wir diese Art Unterweisung nicht gerade von der Frau eines Rabbiners erwarten, dann liegt der Fehler bei uns, denn was die Rebbezen lehrt, entspricht völlig dieser sehr sexfreundlichen, aber sehr wenig in Büchern vermittelten Tradition.

Das Judentum ist sexfreundlich. Ramban lehrte in seinen *Igereth Haḳodesch*: »Wenn der Geschlechtsverkehr um des Himmels willen getan wird, dann gibt es nichts, was ebenso heilig und rein ist. ... Gott hat nichts geschaffen, das häßlich oder schändlich ist. Wenn jemand sagt, die Geschlechtsorgane seien schändlich, wie kann jemand sagen, der Schöpfer habe etwas geschaffen, das ruchlos sei?« Und der Sohar, der wichtigste jüdische mystische Text, sagt: »Wenn Mann und Frau sich in Liebe und Heiligkeit vereinen, ruht die göttliche Gegenwart auf dem Ehebett. Wenn es keine Vereinigung von Mann und Frau gibt, dann sind die Menschen nicht würdig, die göttliche Gegenwart zu schauen. ... Nach der Zerstörung des Jerusalemer Tempels wurde das häusliche Schlafgemach als ein Aspekt des einst so herrlichen Allerheiligsten betrachtet.«

Der große Rabbi Simeon ben Halafta nannte den Penis »den großen Friedensstifter des Hauses«, eine interessante Wortwahl, da die hebräische Übersetzung für »Hausfrieden« – *Schalom bajit* – der jüdische Segen für jedes Paar ist, um den alle beten. Vielleicht habe ich, als ich aufwuchs, die Wörter Penis und Vagina nicht gehört, aber ich habe sicher viele Gebete um *Schalom bajit* gehört.

Diese Vorstellungen erlauben uns, Männern und Frauen zu lehren, daß Hausfrieden untrennbar mit gutem Sex verbunden ist. Sie stärken unbefriedigte Partner, indem sie darauf verweisen, daß bei sexuellen Problemen die Partner die Verantwortung für ihre sexuelle Erregung selbst übernehmen müssen. Sie müssen sich gegenseitig beibringen, wie sie befriedigt und wie sie berührt werden wollen, wieviel Druck und wieviel Vorspiel sie brauchen. Der Partner kann diese Dinge nicht erraten, wie sehr er oder sie auch den anderen liebt.

Guter Sex läßt sich von guter Kommunikation nicht trennen, die aufgeschlossene und freundliche Kommunikation sein muß. Heute bringt man Frauen bei, selbstbewußt zu sein. Aber wenn eine Frau zu ihrem Partner sagt: »Entweder du kriegst ihn hoch, oder ich verlasse dich«, dann wird er davon keine Erektion bekommen, und sie wird am Ende so enttäuscht sein wie Madam Potiphar, von der wir in Kapitel 2 noch sprechen werden.

Das Wort, das in der Bibel verwendet wird, wenn uns mitgeteilt werden soll, daß die Protagonisten Sex hatten, ist *la'da'at*, »erkennen«. Jemanden sexuell zu erkennen heißt zu erkennen, daß sexuelle Erfahrung weit mehr als ein Penis in einer Vagina ist. Sex ist eine Berührung, ein Lächeln, Kommunikation, die Art, wie wir einander kennen, die Art, wie wir uns selbst ausdrücken. In der jüdischen Tradition muß ein Mann, wenn er den Geschlechtsakt einleitet, sanft mit seiner Frau sprechen; dafür gibt es eine psychologische und eine physiologische Begründung.

Aber wie kann ein junges religiöses Paar, vermutlich sexuell zurückhaltend und relativ unerfahren, »erkennen«, wie man es anstellen muß, guten Sex zu haben? Im Talmud wird die Geschichte von einem Rabbi erzählt (der einfach als Raw bekannt ist), der nach einem sehr guten Sabbatmahl an einem Freitagabend Sex mit seiner Frau hat. (Es gibt ein Gebot, daß ein Rabbi mindestens einmal in der Woche und vorzugsweise Freitagnacht Sex mit seiner Frau haben muß.) Nun, der Rabbi hatte seinen Spaß, und wir nehmen an, seine Frau ebenfalls, auch wenn der Talmud nichts darüber sagt. Doch während der Rabbi alles das tat, was mich früher erröten ließ, hatte er plötzlich das seltsame Gefühl, ein Dritter sei im Raum.

15

Er stand auf, schaute hinter dem Vorhang nach, im Schrank und unter dem Bett, und siehe da, hier war sein Lieblingsschüler (Rabbi Kahana), der sich unter dem Bett versteckt hatte.

»Ist dies etwa *derek erez*, ist das das richtige Verhalten für einen Jeschiwa-Jungen, unter dem Bett des Rabbi zu sein, während der Rabbi die Mizwa [Gottes Gebot] des Geschlechtsverkehrs erfüllt?«

Der Schüler antwortete: »Rabbi, was du tust, ist eine Mizwa aus der Tora, und ich muß von dir lernen!«

Interessant an dieser Geschichte ist, wie das Judentum sexuelle Offenheit und sexuelle Zurückhaltung ausbalanciert. Der Schüler überzeugt den Rabbi davon, daß sein Vorwitz legitim ist, weil das Wissen, wie der Geschlechtsverkehr auszuführen ist, ein legitimer Teil seiner religiösen und spirituellen Erziehung ist. Doch hat der Junge verstanden, daß er sich verstecken muß. Diese Dialektik setzt sich bis heute fort, nicht nur innerhalb der Tradition, sondern auch in jedem von uns. Wir suchen eine Balance zwischen unserem Bedürfnis nach Zurückhaltung und Privatheit und unserem Bedürfnis nach sexueller Erfahrung und Bildung.

Das Judentum ist eine messianische Religion, aber es gibt keinen Messianismus, ohne daß Männer und Frauen zusammenkommen. Im Traktat Berachot im Babylonischen Talmud werden Zeichen mitgeteilt, an denen man das Ende des vormessianischen »Exils« erkennen kann. Der Talmud sagt: »Die Nacht [Symbol für das Exil] wird in drei Phasen eingeteilt. In der ersten schreien die Esel. In der zweiten bellen die Hunde. In der dritten Phase stillen Mütter ihre Babies und die Liebenden flüstern.«

Wie der Sabbat eine Simulation der messianischen Welt ist, die von verheirateten Paaren im Liebesakt zelebriert wird, so ist der Beginn der messianischen Zeit einer gelungenen Familie vergleichbar, in der sich die Eltern einander und ihren Kindern in Fürsorge und Liebe zuwenden.

Rabbi Schlomo Carlebach sagt: »Manche sagen, sie wüßten nicht, wie sie beten sollten, sie wüßten nicht, wie sie mit Gott sprechen sollten. Wenn man aber weiß, wie man mit seiner Frau oder seinem Mann spricht, wenn man weiß, wie man mit seinen Kindern spricht, dann kann man auch ebenso leicht mit dem Heiligen sprechen.«

Das Ritual als Routine ist eine Katastrophe. Doch kann das Ritual in den poetischen Ausdruck unseres sexuellen und besseren Selbst überführt werden.

Als ich meine Kliniktätigkeit aufnahm, war ich eine blutige Anfängerin. Eines Tages, ich war damals Assistentin eines Psychiaters an der Klinik, kam eine überaus schüchterne orthodoxe Frau herein. Sie blickte unter ihrem *tichel*, ihrem Kopftuch, das ihr Haar bedeckte, hervor und erzählte uns, daß sie noch nie einen Orgasmus gehabt habe. Wir alle wissen, daß es gar nicht einfach ist, über sexuelle Dinge zu sprechen. Frauen meinen, Männer sprächen offen darüber. Sie tun das vielleicht auch, wenn sie sich damit brüsten, aber es ist doch sehr selten, daß ein Mann einem anderen erzählt: »Letzte Nacht konnte ich keine Erektion bekommen.«

Der Psychiater nahm dann die übliche psychiatrische und medizinische Geschichte auf, und eine seiner Fragen lautete: »Hatten Sie je Geschlechtsverkehr während der Menstruation?« Daraufhin stand die junge Frau auf und ging hinaus. Ich war damals zu jung und unerfahren, als daß ich dem Doktor hätte sagen können, was er falsch gemacht hatte. Da ich aus einem orthodoxen Haus kam, wußte ich, daß schon die Frage zu sexuellen Reinheitsgeboten und Enthaltsamkeit während der Menstruation für eine orthodoxe Frau so bedrohlich ist, daß wir sie nie wieder sehen würden.

Sie hatte während der Menstruation vielleicht wirklich einmal sexuelle Erregung gespürt, was bei manchen Frauen vorkommt, und sich schuldig gefühlt, weil sie das orthodoxe Tabu gegen Sex während der Menstruation kannte. Ein Tabu, das sich auch auf die sieben folgenden Tage nach dem letzten Anzeichen der Blutung erstreckt.

An diesem Tag beschloß ich, es sei meine besondere Verantwortung, mit jüdischen Männern und Frauen zu arbeiten, die »Hausfrieden« wollten und nicht recht wußten, wie sie das erreichen konnten.

Es war für mich immer leichter, offen zu reden und den religiösen Patienten zu helfen, offen zu sein, gerade weil ich eine traditionelle Jüdin bin, und traditionelle Juden sollten keinen Grund haben, sich zu schämen, wenn sie über Sex reden. Schließlich wissen wir von Gott nicht viel mehr als das, was er uns in der Bibel gegeben hat. Genesis, das erste Buch der Bibel, enthält nur eine Handvoll Gesetze, aber eines der ersten ist: Liebe zu machen und viele Kinder zu haben: »Ein Mann wird seine Mutter und seinen Vater verlassen und seiner Frau anhangen. ... Seid fruchtbar und mehret euch.«

Die Bibel spricht über Sex und über die Beziehungen der biblischen Gestalten ganz direkt. Und die ältesten Rabbiner waren genauso ehrlich sich selbst gegenüber. Einer der talmudischen Weisen, Rabbi Meir, hatte eine Frau namens Bruria, die einige Male im Talmud zitiert wird, ein seltenes Beispiel, daß Frauen dieser oder anderer Generationen Einfluß hatten. Eines Tages, sagt Raschi in seinem Talmudkommentar, kritisierte Bruria die Kollegen ihres Mannes dafür, daß sie Frauen als unreif und verantwortungslos bezeichneten. Ihr Mann wollte daraufhin – vermutlich auf Drängen seiner gelehrten Kollegen – Brurias Reife und Verantwortlichkeit auf die Probe stellen.

Welche Probe er wählte, offenbart vielleicht mehr über ihn als über sie. Er arrangierte, daß einer seiner Jeschiwa-Schüler ihre Treue gegenüber Rabbi Meir und Gottes Gesetzen auf die Probe stellen sollte. Nach einiger Zeit und einer langen Verführung hatten der Schüler und Bruria tatsächlich Geschlechtsverkehr. Aber dann tötete sie sich aus Scham. Eine erstaunliche Legende. Für diejenigen, die mit der jüdischen Tradition nicht vertraut sind, ist vielleicht noch erstaunlicher, daß die Weisen sie für druckwürdig hielten – gleich neben dem Haupttext in jeder Talmudausgabe.

Eine andere Geschichte: Abbaje, einer der am meisten verehrten Talmudweisen, erzählt, daß er einmal mitgehört habe, wie ein Mann und eine Frau vereinbarten, gemeinsam zu reisen. »Ich will ihnen folgen«, dachte Rabbi Abbaje, »und sie davon abhalten zu sündigen.« Deshalb folgte er dem attraktiven Paar auf der Straße, aus der Stadt hinaus, über die Felder bis zu einer Weggabelung. Dort hörte er den Mann beim Abschied zu der Frau sagen: »Deine Gesellschaft war sehr angenehm, jetzt wird der Weg lang.« Abbaje kehrte in die Stadt zurück und erzählte seinen Talmudkollegen: »Wäre ich jener Mann gewesen, hätte ich mich nicht beherrschen können.« Man stelle sich vor, einer unserer religiösen Führer heute wäre so ehrlich, und die Gesellschaft ließe eine solche Ehrlichkeit ungestraft.

Obgleich Zurückhaltung und Enthaltsamkeit als Themen im Judentum häufig vorkommen, gibt es bestimmte Zeiten und Feiertage, an denen es ein besonderes Gebot ist, ledige Männer und Frauen zusammenzubringen. Einer dieser Freudentage – der Mittsommer Tu be-Aw – ist nach dem Talmud in seinem Festcharakter mit dem Jom Kippur vergleichbar. Die Weisen hielten Jom Kippur für einen Festtag, weil an diesem Tag allen vergeben wird und sie in einen Zustand der Gnade zurückversetzt werden: das Geschenk eines Neuanfangs, das auch jede Liebesbeziehung mit sich zu bringen scheint.

Freudentage wie der Tu be-Aw (der Name bedeutet einfach der fünfzehnte Tag des hebräischen Monats Aw) geben denen, die nicht verheiratet oder verliebt sind, Hoffnung. Der zyklische Charakter des traditionellen jüdischen Kalenders erinnert daran, daß es immer eine nächste Jahreszeit gibt, einen nächsten Feiertag, an dem es den Frauen, die alle weiß gekleidet sind, Segen bringt, wenn sie ausgehen und tanzen, und an dem es den Frauen erlaubt ist, verführerisch zu sein. Obgleich die einzelnen Frauen zur Zurückhaltung erzogen werden, weiß die jüdische Tradition, daß ein Mann eher erregt wird, wenn eine Frau etwas verführerisch ist. Um das zuzulassen, mußte die Tradition einen Kontrapunkt zur Zurückhaltung anbieten.

Neben den Festlichkeiten an Tu be-Aw gibt es die überlieferte Vorstellung von Moses' Schwester Miriam und den Frauen, die bei der Durchquerung des Roten Meeres ihre Tambourine spielten und dazu einen erotischen Tanz vorführten. Gibt es ein besseres Vorspiel, als Frauen tanzen zu sehen? Den Frauen wurde nie gesagt, sie sollten nur herumsitzen und den Männern zusehen. Den Frauen wurde ganz deutlich gesagt: »Ihr tanzt getrennt, aber ihr tanzt.« Auch der bescheidenste Jeschiwa-Junge würde einen schnellen Blick wagen, einen *coup d'œil*, einen verstohlenen raschen Blick. Und keiner kann einer Sextherapeutin wie mir sagen, ein *coup d'œil* auf die richtige Person sei nicht sexuell erregend.

Der Sex an und für sich war für Juden nie eine Sünde oder etwas, worüber man nicht sprechen kann. Innerhalb der Grenzen des Sinaibundes ist er eine Mizwa, ein religiöses Gebot. Und was ist eine Mizwa anderes als ein Segen oder eine Anleitung, wie unser Leben himmlischer werden könnte? Die biblische Forderung, Kinder zu haben, kann nicht erfüllt werden, wenn ein Mann keine Erektion hat oder eine Frau kein Begehren und sich seinen Avancen verweigert. Deshalb sagt die jüdische Tradition, daß wir die Geheimnisse der Sexualität verstehen müssen, um die Schönheit und die Geheimnisse von Gottes Gesetz zu verstehen.

In der jüdischen Tradition ist Sex sehr stark im Denken des Betrachters verankert, in dem Denken, in dem eine gesunde Einstellung zum Sex den Juden auch unter den widrigsten Umständen und Situationen guten Sex möglich macht. So lehrt der Talmud im Traktat Sanhedrin: Wenn ein Mann und eine Frau sich wirklich lieben, dann können sie sich ihr Lager auf der Schneide eines Schwertes bereiten; wenn ihre Liebe zerbricht, dann ist das beste Bett der Welt nicht groß genug.

Schönheit in der Bibel

Und sie erkannten, daß sie nackt waren

In jedem Hotel und Motel in diesem Land liegt eine Bibel, und das zu Recht – die Bibel ist die älteste und noch immer die klügste Anleitung zum Sex, die je geschrieben wurde. Menschen greifen aus den verschiedensten Gründen zur Bibel, aber sehr selten, wenn überhaupt, weil sie ein Sexhandbuch ist. Das ist ihr Fehler.

Wir reden hier nicht über eine Bibel, die die meisten, die sie noch nicht gelesen haben, mit puritanischer Keuschheit in Verbindung bringen, sondern über die jüdische Bibel mit ihren Welten von Kommentaren, in denen Sex nicht nur erlaubt, sondern sogar verordnet ist. Die Bibel lehrt, daß Gott die Welt durch Trennung erschaffen hat – den Himmel von der Erde, Licht von der Finsternis, Wasser vom festen Land und Sterblichkeit von Unsterblichkeit. Die Brücke zwischen Himmel und Erde ist Sex, wo mit der größten dem Menschen bekannten Lust die Möglichkeit, daß aus der sexuellen Vereinigung Leben geschaffen wird, einhergeht.

Zur Erschaffung des Sex gehört die Erschaffung der Erregung, und man täusche sich nicht, sagen die Weisen, all das wurde vom Schöpfer so erdacht.

Die Rabbinen scheuten sich nicht, zuzugestehen, daß einige der aufregendsten Frauen, die die Welt je gekannt hat, in der Bibel vorkommen. Im Babylonischen Talmud – bekannt als Mündliches Gesetz, von dem die Tradition sagt, daß Moses es auf dem Sinai neben der geschriebenen Tora erhalten hat – wird uns mitgeteilt, daß es in der Welt vier Frauen von außerordentlicher Schönheit gegeben hat: Sara, die Matriarchin; Abigail, Frau König Davids; Rahaw, die Dame aus Jericho, die die israelitischen Kundschafter verbarg und später Josua heiratete und Königin Esther aus der Purimgeschichte, die in der nach ihr benannten Schrift erzählt wird.

Im selben Talmudabschnitt sagen die Rabbis: »Rahaw erweckte Lust«, wenn man nur ihren Namen erwähnte; Yael, eine israelitische Heldin aus dem Buch Richter, erweckte Lust mit ihrer Stimme; »Abigail, wenn man ihrer gedachte«; und Michal, die Tochter König Sauls, »durch ihr Aussehen«. Doch der Talmud hört hier nicht auf. Rabbi Jitzchak sagte: »Wer ›Rahaw, Rahaw‹ sagt, hat sofort einen Samenerguß.« Aber Rabbi Nachman sagte zu seinen Kollegen, »Ich sage ›Rahaw, Rahaw‹ und fürchte nicht, daß irgendetwas passieren könnte.« Rabbi Jitzchak erwiderte: »Was ich sagte, gilt für einen Mann, der sie kennt und mit ihr vertraut ist.«

Auch von der männlichen Schönheit wurde nicht weniger offen gesprochen. Der Babylonische Talmud (Baba Mezia) gibt das folgende Gespräch über Rabbi Jochanan, den Redaktor des Jerusalemer Talmud, wieder: »Ich bin der einzige, der von den Jerusalemer Männern mit herausragender Schönheit geblieben ist.« Er soll oft an den Toren des Ritualbades gesessen haben. Wenn die Töchter Israels vom Bad heraufstiegen, sagte er: »Laßt sie auf mich schauen, damit sie Söhne haben, die ebenso schön und gelehrt sind wie ich.« Die Rabbis sprachen zu ihm: »Hast du denn keine Angst vor dem bösen Blick?« »Ich bin ein Nachkomme von Joseph«, antwortete er, »gegen den der böse Blick machtlos ist«, wie durch die Fähigkeit des biblischen Joseph, der Frau Potiphars zu widerstehen, bewiesen ist.

Resch Lakisch, ein Zeitgenosse Rabbi Jochanans, war ein starker Kerl, der sich zu Dieben gesellte und dem Gerücht nach selbst einmal ein Dieb war. Einmal ging Resch Lakisch am Jordan entlang, als er im Nebel eine schöne Gestalt baden sah. Resch Lakisch zog sich aus und schwamm zu ihr hin, aber es war Rabbi Jochanan. Resch Lakisch sagte zu ihm: »Deine Schönheit sollte einer Frau gehören.« Rabbi Jochanan antwortete: »Deine Kraft sollte sich auf die Tora richten.«

Über Sex wurde mit Leichtigkeit gesprochen, und sogar die Prostitution war nicht so anstößig wie heute. Im Talmud (Baba Mezia) wird die Geschichte eines Rabbiners erzählt, der die Stadt von Rabbi Elieser, Sohn des Rabbi Simon, besuchte. »Hinterließ dieser Gerechte einen Sohn?« fragte der Rabbi. »Ja«, wurde ihm gesagt. »Alle Prostituierten, die von jedem zwei (Zuzim-Münzen) verlangen – *zahlen ihm* acht!«

Im Traktat Baba Basra steht geschrieben, daß Eva, die erste Frau, die allerschönste war; aber es wird darüber gestritten, ob sie, die aus Adams Rippe geschaffen wurde, mit den von irdischen Müttern geborenen Frauen verglichen werden kann.

Am Anfang war das Wort, und das Wort war Sex. Von den ersten Kapiteln des Buches Genesis an, in denen sich Gott der Menschheit vorstellt, wird deutlich, daß es sich hier um eine Theologie handelt, die vom Anbeginn der Geschichte ausgeht und Psychologie, Sexualkunde und menschliche Leidenschaft begründet. Die Bibel, die Geschichte, wie Männer und Frauen zum ersten Mal zur Erkenntnis Gottes gelangten, und der Talmud, der kanonisierte Kommentar zur Bibel, sind auch die Geschichte, wie Männer und Frauen zu gegenseitiger Erkenntnis gelangten.

Gott, dem heiligen Autor von Genesis, war es ebenso wichtig, wo die Menschen zu Bett gingen, wie, wo sie beteten. Die Bibel hat kaum angefangen, da sagt Gott: »Es ist nicht gut, daß der Mensch allein sei.‹ ... Da ließ der Ewige, Gott, Betäubung auf den Menschen fallen, daß er schlief; dann nahm Er eine von seinen Rippen und umschloß statt ihrer mit Fleisch. ... Da sprach der Mensch: ›Diesmal ist das Bein von meinem Bein, und Fleisch von meinem Fleisch; die soll Ischa (Weib) heißen, denn vom Isch (Mann) ward die genommen.‹«

Im Talmud (Sabbat) fragt Rabbi Kahana: »Was bedeutet der Vers in Psalm 33, 9: ›Denn er sprach und es geschah?‹ Dies bezieht sich auf eine Frau«, auf Eva.

Und warum wurde sie aus einer Rippe erschaffen? Weil diese, sagt der Midrasch, der keuscheste Teil des Körpers ist, und nicht mit unziemlichen, unrichtigen Neigungen oder Charakterzügen assoziiert ist, die mit anderen Gliedern und Organen in Verbindung gebracht werden könnten.

Aber auch sie war ein Mensch. Schon bald wurde die Frau Eva von der Schlange verführt, von dem verbotenen Baum in der Mitte des Gartens zu essen. Eva aß von dem Baum und gab die Frucht Adam: »Da gingen ihnen beiden die Augen auf, und sie erkannten, daß sie nackt waren. Und sie nähten Feigenblätter zusammen und machten sich Schurze.« Elie Wiesel schreibt: »Ohne Eva wäre Adam ein Mann, aber kein Mensch gewesen.«

Und Gott sprach zu der Frau: »Viel weite ich dein Schmerzen und dein Schwangern: In Schmerz gebärst du Kinder. Zu deinem Gatten kehrt dein Hunger, und er wird dich beherrschen.«

Der vollständige, richtige Name des Baumes war: Baum der Erkenntnis von Gut und Böse; und ein Großteil der nächsten 50 Kapitel von Genesis sind der Erforschung von Gut und

Böse gewidmet, die in den menschlichen Beziehungen angelegt sind und aus ihnen hervorgehen. Im ganzen Buch Genesis werden wir mit einer Heiligengestalt nach der anderen bekannt gemacht, und es wird fast von nichts anderem erzählt als von ihrer »Nacktheit«, ihren leidvollen Beziehungen und den Momenten sexueller Wahrheit. Mit jeder biblischen Generation werden die Charaktere immer kühner und ausdrucksvoller in der Liebe oder deren Fehlen.

Bald jedoch schickt Gott die Große Flut, die die Welt zerstören soll, »weil alles Fleisch verderbt ist auf der Erde«. Im Traktat Sanhedrin sagt Rabbi Jochanan, die Sünde der Generation der Flut sei gewesen, daß »Vieh, Tiere und Menschen Verkehr miteinander hatten«. Die Sexualität ist so wichtig, daß der Talmud betont, die Verderbnis war vor allem eine sexuelle, und nicht eine Verderbnis des sozialen oder religiösen Verhaltens. Nach der Tradition gibt es beinahe keine Grenzen für die sexuelle Lust innerhalb der Ehe – und in jenen Tagen war das auch die polygame Ehe. Aber auch wenn die Welt durch Eheverträge geheiligt ist, sagt Gott, verdient sie Vernichtung, wenn die sexuellen Grenzen überschritten sind und die Trennlinie zwischen Geschlecht und Art bis zur Unkenntlichkeit ausgelöscht ist, wie durch Homosexualität oder gar Verkehr mit Tieren. In der antiken Welt dachte man, alle lebenden Dinge seien gleich heilig und würdig, warum sollte es also eine Grenze für die sexuelle Lust geben, wenn ein Mann etwa von einem Schaf befriedigt werden kann? Es ist in diesem Zusammenhang bemerkenswert, daß die Menschen im Garten Eden angewiesen wurden, nur Pflanzen zu essen. Erst nach der Sintflut lehrte Gott den Menschen, auch Tiere zu verzehren; damit entstand eine Abgrenzung zwischen den Arten.

Mit anderen Worten, in Ermangelung eines guten Sextherapeuten wurde die Welt zerstört. Und das ist nicht so dahingesagt. Täglich erfahren wir in den Abendnachrichten und in der Morgenzeitung, daß Verbrechen aus Leidenschaft und sexueller Verwirrung auch noch 4000 Jahre nach der Sintflut Tausende von einzelnen »Welten« vernichten. Mehr als tausend Jahre später wurde im Talmud (Joma) sexuelle Unmoral, besonders Ehebruch, neben dem Übermaß an Mord und Götzendienst wieder als einer der drei Gründe genannt, die Anlaß für die Zerstörung des Ersten Jerusalemer Tempels waren, ein katastrophales Ereignis, das von den Juden noch heute betrauert wird.

Nachdem die Wasser wieder zurückgewichen waren, und Noahs Kinder die Erde wieder bevölkerten, stellt uns die Bibel die Matriarchinnen und Patriarchen der israelitischen Familie vor – Abraham und Sara, Isaak und Rebekka, Jakob und Rachel und Lea – die die Haupthelden der Genesis sind. Es ist bezeichnend, daß das Zeichen für den Bund zwischen Gott und Abraham auf dem Penis sein sollte, denn Gott forderte die Beschneidung Abrahams und aller seiner männlichen Nachkommen auf ewig. Es sollte keinen Sex geben ohne das Gefühl, Gott habe mit der Idee, Abraham und seine Nachkommen von sexuellen Verbrechen und Fehlbetragen wegzulocken, das Gute geheiligt und die Furcht Gottes geschaffen.

Rabbi Nachman von Breslau, ein berühmter chassidischer Meister des 19. Jahrhunderts, lehrte in seinem Buch *Likkute Moharan*, die Beschneidung bestehe aus zwei unterschiedlichen Akten. Im ersten wird die *orla*, das Fleisch, das die »Krone« des Penis bedeckt, entfernt. Danach wird die *krum*, die Membrane unterhalb der Haut abgeschält, bis das Fleisch der Krone sichtbar wird. Rabbi Nachman erläutert, daß die *orla* das Böse symbolisiert, das vollständig entfernt werden muß. Die *krum* wird als das Bindeglied zwischen *orla* und Fleisch betrachtet und verweist darauf, daß das Gute zuweilen mit dem Bösen vermischt ist. Das Abschälen der *krum* symbolisiert, daß das Gute vom Bösen getrennt werden muß. Der Geschlechtstrieb und -akt ist zur höchsten Würde fähig – der Erschaffung von Leben. Doch derselbe Penis und derselbe Akt können eine Kettenreaktion von Schmerz auslösen und zum Tod führen. Es ist diese Dialektik, die der Geschichte der jüdischen Haltung zum Sex zugrundeliegt.

Kaum sind wir Abraham und Sara begegnet, als die Bibel schon eine überraschende Unterhaltung mitteilt. Abraham sagt zu seiner Frau: »Ich weiß, daß du eine schöne Frau bist. Wenn die Ägypter dich sehen, werden sie annehmen, daß du meine Frau bist, und mich töten … Bitte sage doch, daß du meine Schwester bist. Dann werden sie um deinetwillen gut zu mir sein.«

Eine bemerkenswerte direkte Vorstellung der buchstäblich »ersten Familie« dieser Religion, und doch eben das, was uns Gott über die paradigmatische Familie der Bibel mitteilt. Eine beinahe identische Geschichte wird von Isaak und Rebekka erzählt, in der er sie bittet, so zu tun, als sei sie seine Schwester, um einem König auszuweichen, den Isaak für gefährlich hält.

Die Weisen sehen in alledem eine Moral. Bevor ein Mann und eine Frau zum großen Abenteuer einer Beziehung aufbrechen, haben sie alle Optionen und eine Vielzahl an Wahlmöglichkeiten. Wenn aber die Beziehung reift und sich vertieft, wie etwa in der Ehe, werden die Wahlmöglichkeiten freiwillig zurückgenommen, und das Paar entwickelt sich weiter von »Wahl« zu »keine Wahl«.

In der weltlichen Kultur werden wir darauf verwiesen, daß eine Wahl zu haben die bessere Option sei. Aber laßt uns darüber noch einmal nachdenken. Die Beziehung zwischen Eltern und Kindern, zwischen Bruder und Schwester, sind nicht Beziehungen der Wahl. Und doch sind es Beziehungen, die sehr wahrscheinlich ein Leben lang bestehen, in guten wie in schlechten Zeiten. Es sind Beziehungen, die theoretisch am stärksten das Gefühl der Verantwortung hervorrufen. Ein Bruder und eine Schwester »brechen« nicht miteinander, außer in besonders tragischen und außergewöhnlichen Situationen.

Wenn also ein Mann und eine Frau nach »Ägypten« gehen, dem Symbol für die weltliche und sinnliche »Außenwelt«, muß das Paar, sagen die Rabbis, in einem tieferen Sinne füreinander sorgen. Ein reifer Mann hat »keine Wahl«, er muß für das emotionale Wohlbefinden seiner Geliebten und für das Kind, das vielleicht aus ihrer Vereinigung hervorgeht, die Verantwortung übernehmen. Ein reifer Liebhaber hat »keine andere Wahl«, als ehrlich zu sein, Anteil zu nehmen und für den anderen zu sorgen.

Abraham sagt eigentlich: »Wenn wir in die Welt gehen und dort der Versuchung, dem Verfall und der Verführung begegnen, dann wollen wir einander und Gott geloben, daß unsere Beziehung kostbarer ist als das.« Er behauptet, daß die Ehe idealerweise ein Prozeß ist, bei dem zwei Liebende zu einer unmittelbaren Familie verschmelzen.

Interessanterweise ändert in dieser ersten bekannten Ehe, die auf Liebe und Hingabe gegründet ist, nicht nur die Braut ihren Namen, – von Sarai zu Sara – sondern auch Abraham – von Abram zu Abraham. Sie taten das auf Gottes Geheiß und zeigten damit an, daß ihre Hingabe an das Göttliche eine Wiedergeburt bedeutete.

Und was ist mit Adam und Evas Werben und Beziehung? Es war eine Beziehung, die weniger auf Liebe als auf Einsamkeit gegründet war. Beim ersten Anzeichen von Ärger – als Gott Adam nach dem Verzehr der verbotenen Frucht fragt – beschuldigt dieser sofort Eva, als ob ihr Schicksal nicht auch sein eigenes wäre. Eine solche Beziehung ist zum Untergang verurteilt, zur Vertreibung aus dem Paradies bestimmt. Doch eine Beziehung wie die von Abraham und Sara, in der die Schicksale ineinander verflochten sind, ist für das Gelobte Land ausersehen.

Abraham und Sara waren auch das erste Paar, das den Mythos, Sex sei nur etwas für die Jungen, sprengte. »Nun waren Abraham und Sara alt und vorgerückt in Jahren, und Sara hatte das Alter des Gebärens überschritten«, sagt die Bibel. »Deshalb lachte Sara bei sich und sagte, ›Nachdem ich nun alt geworden bin, soll ich Wonne haben, zumal mein Herr [Abraham] auch alt ist?‹«

Aber die Bibel erzählt, daß Engel ihr Zelt besuchten, und Sara bekam ein Kind, Isaak, in einem Alter, in dem andere das längst nicht mehr für möglich hielten. Können Engel ein Zelt unabhängig vom Alter seiner Bewohner besuchen und dem Alter sexuelle Freuden bringen? Die Antwort liegt in dem Namen, den sie ihrem Kind gab, Isaak, was Lachen bedeutet. Wie Sara sagt: »Gott hat mich lachen gemacht, so daß alle, die [diese Geschichte] hören, mit mir lachen werden.«

Sexuelle Erfüllung geht oft mit guter Laune einher. Unter den vielen Botschaften, die Sara ihren Millionen Nachkommen vielleicht gerne weitergegeben hätte, war diese: Genieße das Lachen mit deinem Geliebten, und du wirst spüren, daß Engel dein nächtliches Zelt besuchen und »deinem hohen Alter« Wonne bringen.

Eine ähnliche Geschichte wird im Zweiten Buch der Könige erzählt. Viele Jahrhunderte später versprach einer von Saras Nachkommen, der Prophet Elischa, einer zweifelnden Frau, sie werde wie Sara trotz des hohen Alters ihres Mannes schwanger werden. Und so geschah es. In der Bibel hatten ältere Menschen nicht nur Sex, sondern sie wurden auch mit Fruchtbarkeit gesegnet.

Es war nicht immer leicht für die beteiligten Individuen. Im Talmud (Jebamoth) sagte Rabbi Isaak: »Unser Stammvater Isaak war impotent ... so wie Rebekka unfruchtbar war (bevor Jakob und Esau geboren wurden) ... Warum waren unsere Vorfahren (so lange) kinderlos. Weil der Heilige nach den Gebeten der Gerechten verlangte.«

Einige überlieferte Geschichten über die Fähigkeit der Alten oder Schwachen, ein Kind zu bekommen, sind ziemlich phantasievoll. Der Talmud (Schabbat) berichtet: »Einmal geschah es, daß die Frau eines Mannes starb und ihn mit einem kleinen Knaben zurückließ, der noch gestillt wurde. Der Mann war so arm, daß er keine Amme bezahlen konnte. Ein Wunder geschah, und Brüste des Mannes öffneten sich wie bei einer Frau, und er stillte sein Baby.« Die Geschichte zeigt, wie gern die Tradition Wunder zugunsten der Fortpflanzung und der Hilfe für die Familie nach der Geburt eines Kindes annimmt.

Doch abgesehen von den Wundergeschichten machten die talmudischen Weisen klar, daß Altersgebrechen und Kinderlosigkeit nicht als Folge von Gottes Zorn verstanden werden dürfen. Der Talmud (Moed Katan) stellt fest, daß »langes Leben und Fruchtbarkeit« weniger auf Tugend als auf Genetik gegründet sind. Das zeigt sich auch an Raba und Raw Chisda, die beide große, heilige Männer waren, sogar in so hohem Maß, daß sie es durch ihre Gebete regnen lassen konnten. Raw Chisda starb mit 92, Raba mit 40 Jahren. Im Haus von Raw Chisda gab es 60 Hochzeiten, bei Raba 60 Todesfälle. Und doch waren beide zwar verschieden in ihren Erbanlagen, nicht aber in ihren Verdiensten.

Sex ist ein Vergnügen, aber nicht immer ein Heilmittel. Abrahams Neffe Lot zog nach Sodom, in eine Stadt, die für ihre Selbstsüchtigkeit berüchtigt war und für alle Zeit gleichbedeutend mit Unmoral ist. Über Sodom sagt der Rabbi Juda des Talmud im Traktat Sanhedrin: »Sie waren Frevler mit ihren Körpern und Sünder mit ihrem Geld.« Aber Abrahams heilige Familie fand es nicht nötig, in einem Kloster zu leben oder zu verlangen, ihre Nachbarn sollten ein ebenso heiliges Leben führen wie sie. Doch die Sodomiter überschritten die Grenze, wie schlecht eine Umgebung sein konnte.

Als Gott seinem Freund Abraham sagte, daß Feuer und Schwefel über Sodom ausgegossen und die Stadt vom Erdboden getilgt werden würde, jubelte Abraham nicht über das Unglück der Sünder. Statt dessen bat er und verhandelte mit Gott, daß die Stadt gerettet werden solle, wenn sich nur 50, 30, auch nur 10 Sodomiter fänden, die der Rettung würdig wären.

Es gab keine 10, aber Abraham hatte von Gott das Zugeständnis errungen, der sagte: »Wenn ich in der Stadt Sodom 10 Gerechte finde, dann werde ich um ihretwillen den gesamten Ort verschonen.«

Welch andere Welt verspricht die jüdische Tradition hier. Der religiöse Führer, für den Abraham ein Sinnbild ist, würde auch seinen schlimmsten Nachbarn nicht bedrohen, erniedrigen oder mit dem Finger auf ihn zeigen. Von Abraham bis zu den chassidischen Meistern wie Rabbi Levi von Berditschew nutzten die Meister dieser Tradition ihre »Nähe« zu Gott, um sich als Anwälte für ihre gar nicht heiligen Brüder und Schwestern einzusetzen; sie übernahmen nicht die Rolle des Anklägers, wie es heute zu viele religiöse Führer zu tun scheinen.

Gottes Engel halfen Lot und seiner Familie, der Vernichtung von Sodom zu entkommen (obgleich Lots Frau in eine Salzsäule verwandelt wurde, weil sie zurück auf die apokalyptische Brandstätte blickte). Lot und seine zwei Töchter fanden Zuflucht in einer Höhle. Anscheinend war die ganze Erde in die Apokalypse, die Sodom zerstörte, einbezogen.

Dann sagte die erstgeborene von Lots Töchtern zur jüngeren: »Es gibt auf der Erde keinen Mann, der so zu uns kommen könnte, wie es auf der ganzen Erde Brauch ist. Komm, wir wollen unserem Vater Wein zu trinken geben und dann mit ihm schlafen«, damit das Menschengeschlecht fortbestehe. Aus dieser trunkenen, inzestuösen Nacht ging ein Knabe namens Moab hervor. Generationen später ging aus Moabs Stamm Rut hervor, die Großmutter König Davids und deshalb die Urahnin des Messias, der traditionell mit dem Haus David in Verbindung gebracht wird. Eine ironische Entwicklung der Immoralität, aber wir werden in einem späteren Kapitel die eschatologische (messianische) Begründung dafür sehen.

Der Talmud (Jebamot) bemerkt: »Für das Verbrechen des Inzestes kann man Buße leisten, aber für das Verbrechen des betrügerischen Handelns kann man nicht büßen«, weil der Übeltäter im letzteren Fall nicht weiß, wen er betrog, und deshalb keine Entschädigung bieten oder um Vergebung bitten kann.

Ist Lots Tochter die »mütterliche Seite« der Ahnen des Messias, so ist der Stammvater Jakob die »väterliche Seite«. Anders als Jakobs Großvater Abraham, für den Sara die einzige seiner vielen Frauen war, die für seine persönliche und spirituelle Geschichte zählte, oder sein Vater Isaak, der nur mit Rebekka verheiratet war, hatte Jakob vier Frauen und sogar gleichzeitig: die Schwestern Lea und Rachel und die Konkubinen Bilha und Silpa. Und Jakob kam nicht nur mit allen gut aus, sondern wir erfahren auch, daß er sie alle besuchte, um sich mit ihnen zu beraten.

Jakob scheint ebenso mit allen seinen Frauen enge Beziehungen gehabt zu haben wie ein anderer prominenter Bigamist in der Genesis, Lemech. Lemech, der legendäre Vorfahre

»all derer, die Leier und Flöte spielen«, hatte großen Kummer, nachdem er einen Mann in Notwehr erschlagen hatte. Er rief nach seinen beiden Frauen, Ada und Zilla, und nicht nach der einen oder anderen. Ähnlich war wohl der Status der vielen Ehefrauen Jakobs.

Als Jakob ein junger Schüler in der »Begabtenklasse« der Jeschiwa von Schem und Ewer war, beschäftigten Frauen und Sinnlichkeit seinen Geist nicht besonders. Aber dann kaufte er das Erstgeburtsrecht seines Bruders Esau für einen Teller Linsensuppe. Der Segen, der mit dem Erstgeburtsrecht einherging, war der eigentliche Gewinn. Jakobs Vater Isaak, alt und blind, sagte zu seinem verkleideten Sohn: »Deine Stimme ist die Stimme Jakobs, und deine Hände sind die Hände Esaus.« Manche halten diesen Satz für eine einfache Tatsachenfeststellung: Der blinde Isaak streichelte Jakob, der seine Arme mit Tierfellen bedeckt hatte, damit sie denen seines behaarteren Bruders Esau glichen.

Wir jedoch könnten Isaaks Worte als einen weiteren Segen interpretieren, den Isaak seinem Sohn erteilt: Isaak sagt zu Jakob, er solle die »Arme« Esaus haben, die dessen physische Sinnlichkeit symbolisieren, und zugleich den poetischen Charakter und den verführerischen Charme behalten, auf den mit der »Stimme Jakobs« verwiesen wird.

Jakobs berühmteste Söhne sind Joseph und Juda. Beinahe alle Juden stammen angeblich allein von Juda ab – schon der Name »Jude« ist eine Ableitung von Juda. Doch seine Geschichte ist eine der sexuellen Frustration, seltsam unpassend für einen Mann von Judas Format, aber in Übereinstimmung mit biblischen Themen.

Juda hatte einen Sohn namens Er, der eine Frau namens Tamar heiratete. Leider starb Er jung, und Juda trug seinem Sohn Onan auf, seine rechtliche Verpflichtung als Bruder des

Toten zu erfüllen und die Witwe zu heiraten, denn so war das Gesetz des Landes, wenn ein Bruder kinderlos gestorben war.

»Heirate Tamar«, sagte Juda zu Onan, »dann wirst du Kinder haben, um den Namen deines Bruders lebendig zu erhalten.«

Onan kam an diesem Abend in das Zelt Tamars, aber statt sie zu schwängern, ließ er seinen Samen auf den Boden fallen – die Urhandlung der Onanie. Ob er ein Opfer eines vorzeitigen Samenergusses war oder masturbierte, oder ob er absichtlich zurückzog, ist reine Spekulation. Aber Gott war weniger nachsichtig als ein Sextherapeut, und Onan gesellte sich sofort zu Er in der Anderen Welt.

Juda sagte dann zu Tamar: »Ich habe noch einen Sohn, Sela, aber er ist jung, und ich möchte nicht, daß er stirbt, wie meine beiden anderen Söhne. Bitte warte, bis er älter ist, bevor du die Nacht mit ihm verbringst, dann mag er seine brüderliche Pflicht erfüllen.«

Tamar wurde älter und hatte nicht vor, in der Blüte ihres Lebens ohne Sex und ohne Kinder zu leben. Sela, der Bruder von Er und Onan, war zum Mann herangewachsen, und doch war er Tamar nicht als Ehemann gegeben worden. Nach Jahren der Entbehrung hörte sie, daß ihr unlängst verwitweter Schwiegervater Juda wegen der Schafschur in die weit entfernte Stadt Timna reisen würde. Außerdem suchte er nach dem Tod seiner Frau »Trost«, sagt die Bibel.

Tamar folgte ihm, legte einen Schleier an und setzte sich an den Ort, genannt Enaim, wo die Prostituierten sich anboten, und wurde ausgerechnet von Juda angesprochen, der sie unter dem Schleier, den sie nie ablegte, nicht erkannte. Die verkleidete Tamar nahm Judas Siegel, Mantel und Stab als Bezahlung, schlief mit ihrem Schwiegervater und wurde von ihm schwanger. Er wußte nicht, daß es Tamar war.

Die beiden kehrten getrennt nach Hause zurück, doch die Leute tuschelten bald über die Schwangerschaft der unverheirateten Tamar. »Deine Schwiegertochter muß sich mit den falschen Leuten am falschen Ort herumgetrieben haben«, erzählte man dem Fürsten Juda. »Sie ist durch ihre Zügellosigkeit schwanger geworden.«

»Ergreift sie und verbrennt sie«, sagte Juda.

Im Gefängnis zog Tamar Mantel, Siegel und Stab Judas hervor. »Ich bin schwanger von dem Mann, dem dies gehört.«

Ein verblüffter Juda starrte auf seine Sachen und bekannte: »Sie ist unschuldiger als ich.«

Die Rabbis betonten die Unschuld Tamars. Im Talmud (Megilla) sagt Rabbi Schmuel ben Nachmani im Namen Rabbi Jonatans: »›Eine Braut, die im Haus ihres Schwiegervaters keusch ist, erhält als Belohnung, daß Könige und Propheten von ihr abstammen.‹ Woher wissen wir das? Aus der Geschichte von Juda und Tamar: ›Und Juda sah sie und dachte, sie wäre eine Hure, denn sie hatte ihr Gesicht bedeckt.‹ Warum bedeckte sie (als eine Hure) ihr Gesicht? Ist es nicht im Gegenteil so, daß er eine Hure am Fehlen der verschleierten Bescheidenheit erkannt hätte? Rabbi Elasar erklärte: ›Sie hatte ihr Gesicht verhüllt als sie in seinem Haus war, deshalb erkannte er sie nicht‹, als sie ihn verführte, ›und deshalb wurde sie mit Nachkommen belohnt, die Könige [das Haus David] und Propheten [Jesaja] waren.‹«

Der Talmud (Megilla) verweist auf das Königtum und das Königshaus als Belohnung für sexuelle Zurückhaltung außerhalb des Schlafgemachs. Es wird gesagt, daß die Stammmutter Rachel um ihrer Zurückhaltung willen verdiente, daß König Saul von ihr abstammte. Als Belohnung für seine Zurückhaltung verdiente König Saul, daß Esther von ihm abstammte.

Und am Anfang stand Tamar. Sie brachte Judas Kinder zur Welt, es waren Zwillinge. Einer war Perez, Vorfahre des Boas, Großvater König Davids, Vorfahre des Messias. Die anscheinend schmutzige Geschichte von Juda und Tamar ist ein wichtiger Maßstab dafür, wie nachsichtig und ungezwungen die Bibel mit Sexualität umgeht. Und doch sind dies die Großeltern des Messias.

Was ist mit Juda? Zwar wird gesagt, daß jeder, der im Privaten sündigt, »die Füße der Schechina, Gottes weiblichem Aspekt, einklemmt«, aber es wird auch berichtet, daß Rabbi Illai der Ältere im Talmud (Chagiga) lehrte: »Wenn einer spürt, daß ihn die Leidenschaft zu übermannen droht, dann soll er an einen Ort gehen, wo man ihn nicht kennt, schwarze Kleider anziehen und tun, wie ihm beliebt, aber nicht den Namen des Himmels öffentlich entweihen.« Darin liegt kein Widerspruch. Der erste Fall bezieht sich auf jemanden, der Mittel gefunden hat, seiner bösen Neigung zu widerstehen; der zweite Fall befaßt sich mit jemandem, der das nicht tun kann. Juda gehört in die zweite Kategorie.

Die Weisen wußten, daß die Menschen allerhand tun, was nicht den Regeln, Vorschriften oder dem Geist des Gesetzes entspricht. Man halte aber, soweit möglich, die Unbedachtheit im Verborgenen und bringe niemals *buscha* – Schande und Unehre – über seinen Gatten, seine Nachbarn, Lehrer und Religion.

Auf einer anderen Ebene war es für Juda nach den in der Genesiszeit angewandten jüdischen Gesetzen keine Sünde, eine sexuelle Beziehung außerhalb der Ehe zu suchen. Judas Schande bestand darin, daß er versuchte die Verantwortung zu leugnen, denn Verantwortungslosigkeit ist nie eine Option. Zu jener Zeit waren Konkubinen selbst für die heiligsten Männer akzeptabel, sogar für Judas Großvater Abraham, dessen

Konkubine Hagar wahrscheinlich die bekannteste Konkubine der Bibel ist; sie war außerdem die Mutter Ismaels, der der Vorvater der arabischen Völker sein soll.

Obgleich die Monogamie mehr als ein Jahrtausend lang die einzige Norm der jüdischen Gemeinde gewesen war, meinten einige führende Weise, daß das Konkubinat neu untersucht werden sollte. Rabbi Jakob Emden schreibt in *Scheilat Jaawez*:

»Diejenigen, die sich in einem Konkubinat arrangieren wollen, können dies sicherlich tun, ... denn vielleicht möchte die [Kebs-] Frau, wenn sie schlecht behandelt wird, ohne Scheidungsverfahren sofort weggehen, oder beide Parteien sind auf die schwere Verantwortung der ehelichen Verpflichtungen nicht vorbereitet ... In solchen Fällen bietet die Tora die Option des Konkubinats, eine Beziehung, die durch gegenseitige mündliche Vereinbarung beginnt und mündlich beendet wird. ... Die Ehe ist keine Pflicht. [Und wirklich heiratete Juda Tamar nicht, nachdem er die Vaterschaft an ihrem Kind zugegeben hatte.] Und wer behauptet, das Zusammenleben sei eine Verletzung des biblischen Heiratsgebotes, der irrt sich, ... denn die Tora verpflichtet nicht zur Ehe, sondern sagt nur, daß ein Mann fruchtbar sein und sich mehren soll ... und diese Vorschrift kann auch in einer nichtehelichen Beziehung richtig erfüllt werden.«

Nun zu Judas Sohn Onan. Armer Onan! Was für ein Schicksal, in die Geschichte einzugehen und nichts anderes zu hinterlassen als Onanie, den eigenen Namen als den Begriff für Masturbation. Die Geschichte von Onan wird oft fehlinterpretiert. Sein Vergehen war nicht, daß er seinen Samen auf den Boden fallen ließ, sondern daß er sich seiner Verpflichtung, mit der kinderlosen Witwe seines toten Bruders ein Kind zu zeugen, entzog.

Trotzdem wollten die Weisen nicht, daß die Männer masturbieren. Denn wenn ein Mann masturbieren kann, dann braucht er keine Frau. Er muß sie nicht freundlich behandeln oder sich um *Schalom bajit* bemühen. Er kann einfach hingehen und es selbst machen. Und dann gäbe es weniger Kinder auf der Welt, weniger Seelen, die in irdische Körper eingehen, um ihre Seelenwanderung durch die Geschichte fortzusetzen.

Verbietet die Tradition die weibliche Masturbation oder das weibliche Verlangen nach anderen Liebhabern? Wie die Frauen bei den meisten anderen Aspekten der religiös-rechtlichen Beschränkungen ignoriert oder ausgespart werden, so werden sie auch bei vielen Sexualgesetzen ignoriert. Da die Rabbis sehr genau waren, bedeutet ihr Schweigen, daß die Frauen wirklich masturbieren dürfen, doch entwickelte sich in der mündlichen Überlieferung, die später kodifiziert wurde, eine Verhaltensnorm, die die »sexuelle Zurückhaltung« zu einer der wichtigsten religiösen Verpflichtungen der Frau erhob.

Im Laufe der Jahrhunderte versuchten die Weisen eine soziale Norm zu etablieren, die auf eine Verringerung der sexuellen Versuchung zielte. Sie setzten zum Beispiel Gesetze durch, wonach es einem Mann und einer Frau verboten war, bei geschlossener Tür allein in einem Zimmer zu sitzen. Noch heute wird in orthodoxen Vierteln Unterricht erteilt, der Männer und Frauen auf jede erdenkliche Situation vorbereiten soll, mit neuen Regeln, die neuen Möglichkeiten angepaßt sind. Den Feriengästen in Bungalow-Kolonien geben die Weisen den Rat, daß auf einer Landstraße, wo man leicht vom Weg abkommen und den Kopf verlieren kann, niemand ein Mitglied des anderen Geschlechts im Auto mitnehmen darf. Ein Mann darf mit einer Frau nur auf einer Autobahn allein sein, wo es weniger Möglichkeiten zum Anhalten gibt. Wenn ein Mann oder eine Frau ganz dringend eine Mitfahrgelegenheit braucht, dann muß einer auf der Rückbank sitzen.

Die Rabbis kamen zu dem Schluß, wenn ein Mann und eine Frau allein sein dürfen, dann macht der Teufel drei daraus. Selbst wenn nichts passiert, passiert etwas. Das zeigt die Geschichte von Joseph, Judas jüngerem Bruder.

Joseph wurde von seinen Brüdern an eine vorüberziehende Gruppe von Midianitern verkauft, die dann Joseph an Potiphar, einen ägyptischen Höfling, weiterverkauften. Joseph wurde befördert und mit der Leitung von Potiphars Haushalt betraut, und Potiphar gab »all seinen Besitz in Josephs Hand, bis auf die Nahrung, die er selbst aß«. Schon bald bat Potiphars Frau den »hübschen, wohlgestalteten« Joseph, Liebe mit ihr zu machen. Er lehnte ab. Sie suchte ihn bei Tag und Nacht zu verführen. Dann kam eines Tages Joseph in das Haus Potiphars, »um seine Arbeit zu verrichten«. Im Haus war außer Frau Potiphar niemand. Die Bibel sagt: »Keiner von den Hausleuten« war zu sehen. Frau Potiphar griff nach Josephs Mantel. »Schlafe mit mir«, bat sie. Joseph riß sich los, und sein zerrissener Mantel blieb in ihrer Hand. Er sagte: »Wie sollte ich nun diese große Übeltat begehen und mich vor Gott versündigen?«

Dennoch erzählte Frau Potiphar – mit Josephs Kleidern als Beweisstück, – die sie so zärtlich streichelte, als wären sie seine Haut, und in die sie hineinweinte – jedem, auch ihrem Ehemann, Joseph habe versucht, sie zu vergewaltigen, und er habe seit Wochen sein Spiel mit ihr getrieben. Joseph wurde ins Gefängnis geworfen. Er schmachtete dort, bis der Pharao ihn wegen seiner Fähigkeit, Träume zu deuten, begnadigte.

Eine wichtige Lektion aus dieser Geschichte ist, daß Sexualität und Sinnlichkeit im Kopf stattfinden. Niemand ist machtlos und unfähig, »nein« zu sagen, außer vielleicht unter extrem harten Bedingungen. Weder die Bibel noch Joseph nennen die verführerische Frau bei ihrem individuellen Namen. Sie war immer Frau Potiphar, die Frau eines anderen Mannes.

Joseph heißt in der Geschichte Joseph der Zaddik, der Gerechte, vor allem, weil er seine sexuellen Wünsche beherrschte. Über ihn ist in der Tora mehr biographisches Material vorhanden als über irgendjemanden sonst mit Ausnahme von Moses. Die klassischen rabbinischen Kommentare sprechen ausführlich davon, wie schön er war. Er kleidete sich gerne ausgefallen und ist für seinen bunten Rock so berühmt geworden wie für kaum etwas sonst.

Warum das große Interesse an Joseph? Elie Wiesel schreibt: »Zurückhaltung zwischen den Geschlechtern gilt als eine jüdische Tugend, so daß der Talmud es logischerweise hätte unterlassen müssen, dem Leser« seine Spekulationen über Josephs sexuelle Anziehungskraft vorzulegen. »Doch das Gegenteil ist wahr«, schreibt Wiesel, »der Leser wird von Szene zu Szene mit nur geringen Variationen geführt, und es werden die Heimsuchungen geschildert, die Joseph im Herzen der ägyptischen Frauen anrichtete.«

Manche Weisen deuten an, daß Joseph in Wirklichkeit nackt, erregt und mit Frau Potiphar im Bett war, aber sich beherrschte, als ihm das Bild seines Vaters Jakob erschien. Das deutet auf eine heilige Impotenz hin, die mit einer durch psychologische Faktoren bewirkten spirituellen Potenz einherging, nämlich dem Wiedererwachen der Lehren seines Vaters.

Der Bibel ist eine weitere Andeutung von Impotenz zu entnehmen: Dort steht, bevor Joseph in das Haus Potiphars ging, sei »keiner der Männer des Haushaltes« darin gewesen, was eine einfache Aussage über die Bewohner des Hauses sein könnte; es könnte aber auch auf die Abwesenheit der sexuellen Sklaven von Frau Potiphar hindeuten oder auch darauf, daß Josephs maskuliner Trieb um so schwächer wurde, je mehr sein Gefühl für richtig und falsch ihm zu Bewußtsein kam. Wir wissen inzwischen, daß die Bibel und die Talmudkommentare nicht verschämt sind. Wenn zwischen Joseph und Frau Potiphar etwas passiert wäre, wäre es uns bestimmt mitgeteilt worden. Statt dessen wird uns erzählt, daß auch im Land des

blühenden Hedonismus, der sexuellen Freiheit und Selbstbe-
friedigung Joseph verstand, daß es etwas wie Sünde gibt, daß
Gott auch dann Zeuge ist, wenn es keinen anderen Zeugen
gibt.

Obwohl Potiphars Frau Joseph der Vergewaltigung be-
schuldigte, wurde er interessanterweise mit politischen und
ideologischen Gefangenen in eine Zelle gesperrt, etwa einem
abgesetzten Beamten vom Hof des Pharao, und nicht mit gewöhnlichen Kriminellen und anderen sexuellen Gewalttätern.

Josephs Selbstbeherrschung wurde verschiedenen Epochen
zum Vorbild. Im Talmud (Joma) heißt es:

>Der Frevler wird bei Gottes Gericht gefragt, warum er nicht die Tora stu-
dierte. Wenn er antwortet, er sei zu hübsch gewesen und durch seine Neigungen in Versuchung geführt worden, dann wird man ihm erwidern, ob
er mehr versucht worden sei als Joseph, der Gerechte? Von Joseph wurde
gesagt, daß Potiphars Frau jeden Tag auf ihn einredete und ihn verführen
wollte. Und die Kleider, die sie am Morgen anlegte, trug sie nicht am
Abend.«

Die Josephsgeschichte wird von den Rabbis auch als Beispiel
für die Notwendigkeit vorsorglicher Zurückhaltung angeführt.
Im Talmud (Berachot) steht: »Ein Mann sollte es vermeiden,
einen Oberaufseher über seinen Haushalt einzusetzen, denn
hätte Potiphar nicht Joseph zum Aufseher über seinen Haushalt ernannt, dann hätte sich [der Ärger mit Potiphars Frau]
nicht ereignet.«

Josephs und Judas Schwester Dina hatte etwas weniger
Glück bei ihren Abenteuern außerhalb der Zelte ihres Stam-
mes. In Genesis wird erzählt, daß Dina hinausging, »um sich
unter den Töchtern des Landes umzusehen«, um dort weit
entfernt von ihrer Familie etwas Anonymität zu finden. Ein
Prinz namens Sichem sah sie und machte Liebe mit ihr. Die
Bibel sagt: »Und sein Herz hing an Dina; er liebte sie und re-

dete zärtlich mit ihr.« Er wollte sie heiraten. Simon und Levi, Dinas andere Brüder, waren wütend und planten, die Entehrung ihrer Schwester durch den Prinzen zu rächen. Sie sagten, sie würden die Heirat erlauben, wenn Sichem und seine Familie zur Religion Abrahams konvertierten und sich beschneiden ließen.

Während Sichem und seine Männer durch die kürzlich erfolgte Beschneidung außer Gefecht gesetzt waren, kamen Simon und Levi und ermordeten Sichem und alle seine Männer, als ob sie sagen wollten: »Als du zu unserer Schwester kamst, hast du mit deinem Penis gehandelt, und jetzt, da du wegen deines Penis außerstande bist, etwas zu tun, werden wir die Ehre unserer Schwester retten.«

Als Jakob davon hörte, war er wütend, aber die Bibel läßt den Brüdern das letzte Wort: »Darf er unserer Schwester wie einer Dirne tun?«

Im biblischen Text wird uns nichts, absolut nichts über Dinas Leben erzählt, außer der Episode mit Sichem, und auch dabei wird uns nicht erzählt, was sie für Sichem empfand, ob sie seine Liebesworte annahm oder ob sie sich selbst für vergewaltigt hielt. Manche Kommentatoren greifen das Problem auf und stellen fest, daß ebenso wie Dina von ihrer Familie ignoriert wurde, was zu ihrem Ausflug auf die wilde Seite, »zu den Töchtern des Landes« führte, so wurde sie später ignoriert, als ihre Gefühle der Familienehre untergeordnet wurden.

Warum erzählt die Tora von einer Familie wie der Jakobs, in der es so viele Probleme gibt? Und warum erzählt uns die Tora nicht das geringste über Josephs oder Judas Gottesglauben?

Der Autor der Genesis kannte die menschliche Natur und wußte, daß diese Dinge in Familien vorkommen. Er will damit aber nicht andeuten, daß ein Mensch oder eine Familie mit einer dunklen Vergangenheit keine große Zukunft haben könne. Es zählt vielmehr, wie wir mit unserer Zukunft umgehen, das entscheidet, ob Judas und Tamars uneheliches Kind der Gesellschaft zum Schaden oder zum Vorfahren des Messias wird.

Die ursprüngliche Vorstellung des Messias hat sich im Laufe der Jahre entwickelt. Aber der Stammbaum des Messias in der Genesis ist mit sexuellen Affären gespickt, die Verachtung erwecken könnten, wogegen das klassische christliche Modell und manche spätere Rabbis die Reinheit des Messias, seine Sündenlosigkeit und seine Asexualität betonen wollten.

Doch die jüdische Bibel betont nicht nur die Abstammung des Messias von Lots Töchtern und Tamar, sondern auch die von Rut, die sich im Dunkel der Nacht auf die Tenne geschlichen hatte, um mit Boas zu schlafen. Alle drei Geschichten – die von Lots Tochter, Tamar und Rut – haben gemeinsam, sagt Rabbi Irving »Yitz« Greenberg und zitiert die rabbinischen Meister, daß die Hingabe dieser drei Frauen an das Leben so elementar ist, ihr unerschütterlicher Glaube so tief verwurzelt ist, daß sie vor nichts haltmachen, um Leben und Kontinuität zu sichern. Lots Töchter glaubten, daß es keine Männer mehr gäbe, und machten ihren Vater betrunken, um schwanger zu werden und so das Leben weiterzugeben.

Und so dachte auch Tamar, als sie weiter versuchte, ein Kind mit Judas Söhnen und später mit Juda selbst zu haben. Sie wollte sich einfach mit dem Tod nicht abfinden. Und so dachte auch Rut. Rut, eine kinderlose Witwe, entschied, daß das Leben weitergehen solle. In der jüdischen Tradition ist der Messias die elementare Lebenskraft, die vor nichts haltmacht.

Die jetzt lebenden Juden haben die überwältigende Bedrohung mit Tod und Vernichtung während des Zweiten Weltkriegs und seitdem in einem Schreckensszenario nach dem anderen erlebt. Wie diese biblischen Frauen, so zeigt vermutlich auch das erotische Wiedererwachen, das mit der Wiedergeburt des Staates Israel einherging, daß die Juden heute ein überwältigendes Bedürfnis haben, sich des Lebens und seiner sexuellen Kraft, die so viel Freude gibt, zu vergewissern.

Die Kabbalisten, die Vertreter der jüdischen mystischen Tradition, mochten die Vorstellung nicht, eine Liebesaffäre könne kein Happy End haben. Auch sie wollten sich nicht mit dem Tod als dem Ende einer Geschichte abfinden. Nach den Kabbalisten war Sichems Tod mitnichten das Ende der Geschichte – sondern erst der Anfang.

Die Kabbala sagt in einem Buch mit dem Titel *Sefer Hagilgulim* (ein Buch, das den jüdischen Glauben an Wiedergeburt und das Leben nach dem Tod erklärt), daß Dina und Sichem etliche Generationen später, als die Israeliten durch die Wüste wanderten, in diese Welt zurückkehrten. Nur dieses Mal kehrte sie als ein Er zurück – als Simri, ein jüdischer Prinz, der von Bruder Simon abstammte. Und Sichem kehrte als eine Sie wieder – als Kosbi, eine nichtjüdische midianitische Prinzessin.

Und wieder wurden sie der Zügellosigkeit beschuldigt. Während Kosbi und Simri sich in der Öffentlichkeit liebten – unter Mißachtung der kurz zuvor am Sinai gegebenen Gesetze –, durchbohrte Pinchas, der Priester (ein Enkel Aarons und Großneffe Moses'), ihrer beider Genitalien und tötete sie. Dies ähnelt der Art, wie Sichem getötet wurde – auch in Zusammenhang mit seinen Genitalien, als er sich von der Beschneidung erholte.

Aber während die Bibel ausdrücklich sagt, daß Gott diesen Mord in Vergeltung für die sexuelle Schamlosigkeit billigte, die den moralischen und ethnischen Zusammenhalt der Juden in der Wüste Sinai bedrohte, fügt die jüdische mystische Tradition eine romantische Fußnote hinzu. Die Kabbalisten schrieben, die Seelen von Dina/Simri und Sichem/Kosbi seien ein weiteres Mal zurückgekehrt, dieses Mal in der talmudischen Zeit als der große Rabbi Akiba und die Frau des Tyranus Rufus, des römischen Statthalters. Den alten Seelen wurde eine weitere Chance gegeben, die sexuellen Affären und Schwächen vergangener Jahrhunderte gutzumachen. Jetzt schickte Tyranus Rufus seine Frau zu Akiba, um ihn zu verführen und damit zu beweisen, daß der heiligenhafte Akiba doch letztlich nicht so heilig wäre. Offensichtlich ist dies ein in allen Jahrhunderten wiederkehrendes Muster: Schurken wollen beweisen, daß die Heiligen ebenfalls Schurken sind.

Aber die Kabbala erzählt: Als Akiba die Frau des römischen Statthalters sah, »lachte, weinte und spuckte er«.

»*Er lachte*.« Durch die Gabe der Prophetie weiß er, daß er, nachdem seine Frau und der römische Statthalter gestorben sind, diese wunderschöne Verführerin heiraten und lieben wird, womit der seltsamste Koitus interruptus der Menschheitsgeschichte endet – ein Geschlechtsakt, der von Dina in der Vorzeit über Simri in der Zeit Moses bis zu Akiba in der Zeit der Römer reichte!

»*Er weinte*.« Akiba bricht zusammen, weil er sich an die spirituellen und sexuellen Frustrationen dieser früheren Inkarnationen erinnert. Er fühlt in diesem Moment die Trauer des Wissenden, denn er sieht, daß eine so schöne Frau noch ein weiteres Mal den Tod erleiden würde (wenn auch einen natürlichen Tod).

»*Und er spuckte*.« Akiba empfindet Verachtung dafür, daß seine Geliebte, seine ewige Seelengefährtin, auf die Frau eines unmoralischen römischen Statthalters, eines Feindes von Akibas Volk, reduziert sein sollte.

Aber heute haben die armen Seelen natürlich das Glück, daß es Sextherapeuten gibt. Wir sind dem Ende der Zeit näher, sagen die Rabbis, und wir haben nicht so viel Zeit, daß Seelen ihre Probleme durch die Jahrhunderte schleppen könnten. Die Seelen müssen ihr Sexleben sofort in Ordnung bringen.

Die Kabbala lehrt uns, daß das, was manchmal als sündig erscheint, in Welten, die wir nicht sehen können, in Wahrheit etwas Heiliges ist. Wenn irgendetwas nicht klappt, dann bringt Gott das Paar so lange zurück in die Welt, bis sie es richtig machen, selbst wenn es Jahrtausende dauert. Wie anders, ja gegensätzlich, ist diese Haltung, vergleicht man sie mit jenen, die predigen, daß ein Paar wegen einer einmaligen Übertretung für immer in der Hölle schmoren wird.

In diesem Zusammenhang ist auch der traditionelle jüdische Gruß *Schalom alechem* zu verstehen, der im Plural steht. Auch wenn wir nur eine Person grüßen, sagen wir »schalom alechem«, was auf den jüdischen Glauben hinweist, daß eine Person für sich eine Gemeinschaft ist, die die Seelen vieler anderer in sich trägt, die zuvor waren. Wenn wir zum Beispiel Akiba begegnen, dann begegnen wir auch Dina und Simri: »Schalom alechem, Friede euch allen.«

Nach der jüdischen Tradition ist keine sexuelle Beziehung so einfach, wie sie an der Oberfläche erscheint; die der Religion oft zugeschriebene puritanische Einstellung zur Sexualität läßt sich nur halten, wenn die Bibel auf der einfachsten und oberflächlichsten Ebene gelesen wird.

Die Weisen sagen, ein Gelehrter muß mindestens 40 Jahre alt, verheiratet und Vater sein, bevor er fähig ist, die Kabbala zu studieren, die inneren Geheimnisse der Bibel. Die Kabbala ist so inhärent sexuell, daß jemand, der nicht selbst sexuelle Erfahrung hat und lange genug dabei ist, um sich den Myste-

47

rien des Sex zu stellen, Gottes Buch und die Kräfte der Schöpfung wohl kaum verstehen kann. Diese Ebene der Sexualerziehung ist nichts für den Jeschiwa-Jungen unter dem Bett. Das ist Graduiertenkolleg.

Man nehme einmal an, eine Dina oder Tamar käme in meine Praxis, ein nettes jüdisches Mädchen aus einer netten jüdischen Familie, die das Opfer eines negativen sexuellen Erlebnisses wurde. Besonders hilfreich in diesen Torageschichten ist das Verständnis, daß widrige Situationen sich ereignen und man darüber sprechen muß. Die Tora zeigt, daß diese Dinge auch in den nettesten Familien, in den heiligsten Familien, vorkommen. Das Leben kann und muß nicht nur weitergehen, sondern eine Erlösung ist immer gegeben und möglich.

Wenn ein orthodoxes Mädchen in meiner Praxis sitzt und erzählt, daß ihr etwas Schlimmes passiert sei, erzähle ich ihr aus der Tiefe meiner jüdischen Tradition heraus: »Was geschehen ist, ist furchtbar, einfach schrecklich, es sollte jemandem wie dir überhaupt nie passieren. Wie traurig, daß du diese schlechte Erfahrung machen mußtest. Aber du mußt weiterleben. Wir wollen dafür sorgen, daß du, wenn die Erinnerung oder der Gedanke daran auftaucht, sie mit guten Gedanken erlöst. Denke an Miriam, die nach der Durchquerung des Roten Meeres mit ihrem Tambourin hinausging und tanzte, als alles hoffnungslos erschien. Denke an die Sabbatkerzen und die Hawdala, wenn die heiligen Flammen sich durchdringen. Denke daran, denke an den Segen Gottes und an die Person, mit der du gerade jetzt verbunden bist.«

Und einer religiösen Frau oder einem Mann, die eine Beziehung haben, in der der Partner sexuell befriedigend, aber ein schlechter Lebenspartner ist, würde ich den Rat geben, sich an die ägyptischen Zauberer zu erinnern. Als Moses zum Pharao kam, versuchte er zu beweisen, daß er Gottes Gesandter war, indem er besondere Zeichen und Wunder tat. Aber alles, was Moses tun konnte, konnten die Zauberer des Pharao ebenso tun.

Wir wissen, daß es zwischen dem Sex mit einem ungeliebten Menschen, der Sex als Mittel zum Zweck benutzt, und Sex mit einem Geliebten keinen biologischen Unterschied gibt. Es ist ein emotionaler und spiritueller Unterschied. Wie Moses und die Zauberer denselben Akt, aber mit unterschiedlicher Motivation vollführten – wie Tamar, Rut und andere biblische Gestalten –, so wird klar, daß eine Person Sex und den Anschein von Liebe benutzen kann, um einen anderen zu unterdrücken und in Abhängigkeit zu halten, während eine andere Sex und Liebe benutzen kann, den anderen zu erlösen, zu befreien.

»Du sollst nicht …«

Eine Geschichte aus dem Traktat Sanhedrin, die von Rabbi Juda im Namen von Raw erzählt wird: Ein Mann entwickelte einmal eine verzehrende sexuelle Leidenschaft zu einer Frau. Sein Herz war von seinem brennenden Begehren so verzehrt, daß man um sein Leben fürchtete. Ärzte wurden konsultiert. Sie sagten, der Kummer des Mannes läge in seiner Natur und sei nicht seine Schuld, sondern genetisch, medizinisch, biologisch, psychologisch bedingt. Es gäbe kein anderes Heilmittel, als daß die Frau seinem Verlangen nachgäbe. Da sagten die Weisen: »Er soll eher sterben, als daß sie sich hingibt.«

Die Ärzte sagten: »Sie soll wenigstens nackt vor ihm stehen«; die Rabbis antworteten: »Eher soll er sterben.«

»Dann«, sagten die Ärzte, »soll sie mit ihm wenigstens über eine Trennwand hinweg sprechen.« »Eher soll er sterben«, sagten die Rabbis.

Andere Rabbiner fragten: »Ist die betreffende Frau verheiratet oder nicht?« Einer sagte, die Strenge der Weisen sei nur sinnvoll, wenn sie verheiratet war. Wenn sie nicht verheiratet war, warum konnte er sie dann nicht heiraten? Rabbi Papa sagte: »Wegen der Schande für ihre Familie.« Rabbi Aha, der Sohn Rabbi Ikas sagte, unter solchen Umständen wäre eine Ehe undenkbar. »Damit sich die Moral der Töchter Israels nicht auflöst.«

Die Weisen sagten von dem liebeskranken Mann: »Die Ehe würde seine Leidenschaft nicht mildern«, denn, wie Rabbi Isaak sagt, »seit der Zerstörung des Tempels ist die sexuelle Lust von den Gesetzestreuen genommen und den Sündern gegeben worden, wie geschrieben steht im Buch der Sprüche ›Gestohlene Wasser sind süß, und heimlich gegessenes Brot schmeckt angenehm.‹«

Daß die jüdische Souveränität zum ersten Mal seit der Zeit des Tempels wieder besteht, hat vermutlich zur Wiederherstellung des Rechtes auf sexuelle Lust beigetragen, aber zweifellos ist die sexuelle Kultur bis heute in erheblichem Maß bestimmt von diesem Charakter des Verbotenen, dem Schauder der Gefahr, dem Gefühl, daß die sexuelle Leidenschaft tatsächlich in der Ehe nicht aufrechterhalten werden kann. Und es ist beinahe ein Klischee – das wahrscheinlich von der dominanten christlichen Kultur genährt wird, in der die Religion mit den Puritanern, dem Zölibat Jesu und der katholischen Kirche assoziiert wird –, daß die sexuelle Lust wirklich von den Gesetzestreuen genommen und den Sündern gegeben worden ist, wie der Talmud sagt. (Der Erste Tempel wurde während der Herrschaft Salomos um 965 gebaut und fast vierhundert Jahre später, 586, zerstört. Siebzig Jahre später wurde der Zweite Tempel eingeweiht und stand bis zum Jahre 70 der gemeinsamen Zeitrechnung. Die ersten rabbinischen Gespräche, die in den Babylonischen Talmud aufgenommen wurden, stammen aus dem ersten Jahrhundert; die Kanonisierung erfolgte im sechsten Jahrhundert.)

Der Talmud betrachtete die Zerstörung der zwei Tempel – wobei er manchmal die Trauergeschichte des Zweiten Tempels in die ruhmreichere des Ersten Tempels einband –, mit der die jüdische Souveränität für 2000 Jahre endete, als die größte Katastrophe der jüdischen Geschichte. Sie wurde in der rabbinischen Literatur so würdig und ernst behandelt wie heute der Holocaust. Mit den hebräischen Wörtern für den Holocaust, »Schoah« und »Hurban« wurden zweitausend Jahre lang die beiden Zerstörungen und die Ereignisse bezeichnet, die zu dem ungeheuren, noch andauernden Exil führten, das theologisch immer noch im Staat Israel besteht, denn der Staat Israel ist ein politisches Unternehmen, das die messianische Ära und den Bau eines Dritten Tempels noch nicht eingeleitet hat.

In diesem Kontext gilt alles, was sich vor der antiken Schoah ereignet hat, als höherrangig – bei den Rabbis sogar auch der Sex, »der gesetzestreue« – als alles, was danach kam. Aber immer mehr moderne Rabbis sagen, daß die Rückkehr der Nachkommen der Israeliten in das Heilige Land und die Gründung eines eigenen Staates sicherlich zumindest ein messianischer Vorbote ist. Daß Hunderttausende Rabbiner und traditionelle Juden sich an der sexuellen Lust freuen können, ist ein weiteres Anzeichen für diejenigen, die das geographische und spirituelle Exil zu Ende gehen sehen. Doch ohne respektlos sein zu wollen, übersteigt meinem Gefühl nach die sexuelle Aktivität, die König David und König Salomo nach den Dokumenten der Bibel, besonders in ihren eigenen Büchern wie im Hohelied, genossen haben, bei weitem das, was für Staatsoberhäupter oder Premierminister der Nach-Tempel-Zeit dokumentiert ist; der Talmud weiß vielleicht doch etwas.

Dennoch wäre die Vorstellung ganz falsch, David und Salomo hätten ohne sexuelle Regeln, Schranken und Hemmungen gelebt. Als David vom Dach aus Batseba beim Baden zusah und es dann so arrangierte, daß ihr Ehemann in der Schlacht starb, damit er sie zu einer seiner Frauen machen konnte, wurde er von dem Propheten Natan zurechtgewiesen und, das ist noch erstaunlicher, bereute öffentlich. Und das zu einer Zeit in der Antike, als Könige sich im allgemeinen niemandem verantworten mußten und die Frauen ihres Volkes ein königliches Vorrecht waren.

Die talmudischen Rabbis bezeichneten König Salomo als den Weisesten unter den Menschen und Autor von drei Büchern der Bibel: Ekklesiastes, Hohelied und Sprüche. Und doch gaben sie die Schuld an der Zerstörung des Zweiten Tempels durch die Römer den sexuellen Unbesonnenheiten Salomos. Rabbi Isaak sagte im Traktat Sanhedrin: »als Salomo die Tochter Pharaos heiratete, kam der Engel Gabriel herab und steckte ein Rohr in das Meer, und es bildete ein Ufer um sich, auf dem die große Stadt Rom gebaut wurde.«

Ein anderer biblischer König, ein Zeitgenosse des Propheten Jesaja, war König Hesekia aus dem Haus David. Hesekia, der nicht verheiratet war, soll ein potentieller Messias gewesen sein, wurde aber abgesetzt, weil er nie sang; ein Weiser sagte sogar ausdrücklich, daß er der Erlöser war. Hesekia, sagt der Talmud im Traktat Berachot, war sterbenskrank und wurde von Jesaja besucht, der ihm mitteilte, er unterläge einer sehr schweren Bestrafung: in dieser Welt zu sterben und der zukünftigen Welt beraubt zu werden. Als der König fragte, warum, antwortete Jesaja mit Worten, die jüdische Eltern von Babylonien bis Polen und Brooklyn zu allen Zeiten sagen: »Weil du nicht geheiratet hast.«

»Ja«, sagte Hesekia, »weil der Göttliche Geist mich sehen ließ, daß von mir schlechte Kinder abstammen werden.«

»Was hast du mit den Geheimnissen des Allmächtigen zu schaffen?« erwiderte Jesaja. »Was dir aufgetragen wird, das sollst du tun, und was der Heilige zu tun gedenkt, das laß Ihn tun.« Es spielte dabei nicht die mindeste Rolle, daß Hesekia der König war; er brach das erhabene Fortpflanzungsgebot und mußte bestraft werden.

Die Weisen forderten von den Israeliten und ihren Königen die Heirat. Im Talmudtraktat Jebamot sagt Rabbi Nachman im Namen von Samuel: »Auch wenn ein Mann viele Kinder hat, ist ihm verboten, unverheiratet zu bleiben«, falls seine Frau stirbt oder er geschieden wird. Rabbi Josua sagt: »Auch wenn ein Mann in jungen Jahren eine Frau genommen hatte, sollte er dennoch wiederheiraten (falls er allein ist), wenn er alt wird. Auch wenn er aus seinen jüngeren Jahren Kinder hat, sollte er versuchen, auch im Alter Kinder zu haben, denn es steht geschrieben: ›Am Morgen säe deinen Samen, und am Abend soll deine Hand nicht ruhen, denn du weißt nicht, wie es dir gelingt, ob dies oder das oder beides gleich gut sein wird.‹« (Ekklesiastes 11, 6)

Rabbi Elasar sagte: »Ein jüdischer [Mann], der keine Frau hat, ist kein Mann … Adam fand das Leben nicht erfreulich, bis Eva zu ihm gebracht wurde.«

Und ein König mußte heiraten, um seine Untertanen zu schützen. Rabbi Chama ben Chanina sagt: »Sobald ein Mann verheiratet ist, klagen seine Sünden ihn nicht mehr an, denn es ist im Buch der Sprüche gesagt: ›Wer ein Weib gefunden hat, hat Glück gefunden und hat die Gunst des Herrn erlangt.‹«

Rabbi Elasar sagt: »Jeder Jude, der nicht heiratet, gilt wie einer, der Blut vergießt.« Im alten Israel lautete ein Sprichwort »Er [der Unverheiratete] ist ohne Tora und ohne Schutz.« Und der Talmud (Berachot) sagt, daß ein schönes Weib die geistige Entwicklung eines Mannes fördert.

Aber die Schuld an der Zerstörung des Tempels wurde nicht nur den Königen Israels gegeben. Im Talmud wird folgende Geschichte erzählt, die die Schuld dem Sexualverhalten der gewöhnlichen Menschen zuweist.

Es geschah, daß ein Zimmermann sich in die Frau seines

Dienstherrn verliebte. Als dieser einmal Geld brauchte, sagte der Zimmermann: »Gib mir deine Frau, dann schicke ich dir das Geld, das du brauchst.« Der Dienstherr gab seine Frau für das Geld. Nach drei Tagen kam er, um das Geld zurückzuzahlen und seine Frau zu holen. Der Zimmermann sagte: »Ich habe sie nach Hause geschickt, aber ich hörte, daß Straßenräuber sie auf dem Weg überfallen haben.«

»Was soll ich tun?« fragte der Ehemann.

»Laß dich von ihr scheiden«, sagte der Zimmermann.

»Wie soll ich das machen?« fragte der Ehemann. »Ihre Mitgift war ein großer Geldbetrag.«

»Ich leihe dir das Geld«, sagte der Zimmermann.

Der Ehemann ließ sich von seiner Frau scheiden. Der Zimmermann heiratete sie. Als die Zeit kam, das Darlehen zurückzuzahlen, konnte das der erste Ehemann nicht tun, und er mußte deshalb als Schuldknecht bei dem Zimmermann arbeiten. Während der neue Ehemann und seine Frau aßen und tranken, wartete ihnen der frühere Ehemann auf, und Tränen fielen aus seinen Augen in den Kelch, den er dem Zimmermann gerade brachte.

»In diesem Moment«, sagten die Weisen, »wurde im Himmel ein Dekret erlassen, daß Jerusalem zerstört werden wird.«

Die guten Bürger des alten Israel widersetzten sich dem durchaus. Was sie zur Rebellion veranlaßte, war nicht die exzessive Besteuerung oder eine brutale Politik, sondern die Verachtung, die die Römer den traditionellen jüdischen Hochzeitsbräuchen gegenüber bewiesen.

In der Stadt Tura Malka gab es den Brauch, der Braut und dem Bräutigam das Hochzeitsgeleit zu geben und dabei vor dem Brautpaar mit einer Henne und einem Hahn zu tanzen, um so den Wunsch auszudrücken, das neue Paar möge sich mehren wie Geflügel. Bei einer solchen Hochzeit kamen Römer vorbei und nahmen die Henne und den Hahn weg. Die Leute griffen die Soldaten an und schlugen sie zusammen. Die Soldaten meldeten den Vorfall als Rebellion gegen Cäsar. Daraufhin verwüsteten die Römer das Land.

Eine ähnliche Legende wird aus der israelischen Stadt Betar berichtet. Nach einer alten Sitte pflanzten die Eltern nach der Geburt eines Jungen eine Zeder, nach der eines Mädchens eine Pinie. Die Bäume wurden dann für den Hochzeitsbaldachin gefällt. Eines Tages kam die Tochter des römischen Kaisers durch die Stadt, und die Achse ihres Wagens brach. Ihre Bediensteten fällten eine Zeder in der Nähe, um sie zu reparieren. Der Vater, der die Zeder für den Hochzeitsbaldachin seines Sohnes gepflanzt hatte, ging auf die Bediensteten los und schlug sie. Sie meldeten dem Cäsar, diese Attacke wäre Teil einer Rebellion. Er schickte sofort ein großes Heer los, und die Bewohner der Stadt wurden umgebracht.

Es gab auch anderen Widerstand gegen den Angriff auf die jüdische Sexualethik. Es heißt, 400 Jungen und Mädchen wurden entführt und an Bord eines Schiffes gebracht, damit sie dort in sexuell schändlicher Weise mißbraucht werden sollten. Als die jungen Gefangenen den Zweck ihrer Haft erfuhren, sprangen sie ins Meer und ertranken.

Zwar ist die jüdische Tradition bekannt für ihre Offenheit gegenüber der Sexualität, doch sollte diese Offenheit nicht mit vollkommen schrankenloser Freizügigkeit verwechselt werden. Im 18. Kapitel von Leviticus sagt die Tora ganz deutlich – wenigstens für Männer –, welche Beziehungen nicht nur verboten sind, sondern auch als pervers und verabscheuungswürdig bezeichnet werden. Die Bibel sagt, Sex ist verboten mit:

– deinem Vater oder deiner Mutter,
– der Frau deines Vaters,

- deiner Schwester, auch wenn sie die Tochter nur eines gemeinsamen Elternteils ist, sei sie legitim oder illegitim,
- deiner Enkeltochter,
- deiner Tante,
- der Frau deines Bruders,
- deiner Schwiegertochter,
- der Schwester deiner Frau, solange deine Frau lebt,
- der Frau deines Nachbarn.

Man soll auch nicht schlafen mit:
- einer Tochter, die die Frau deines Vaters ihm geboren hat,
- einer Frau und ihrer Tochter oder einer Frau und ihrer Enkelin,
- einer menstruierenden Frau.

Ein Mann soll nicht Sex haben mit einem anderen Mann wie mit einer Frau »denn Greuel ist dies«. Man soll auch keine sexuellen Handlungen mit einem Tier begehen, »dich an ihm zu verunreinigen, und ein Weib soll nicht vor einem Tier stehen zur Begattung; eine Schandtat ist dies.« Die Bibel warnt: »Denn jeder der einen von allen diesen Greueln tut – die Beteiligten, die sie tun, sollen ausgetilgt werden aus der Mitte ihres Volkes.«

Man beachte, daß diese Gesetze meistenteils an Männer gerichtet sind und nicht an Frauen. Rabbi Schneur Salman, der erste Lubawitscher Rebbe, hat darauf hingewiesen, daß es ein jüdisches Schlüsselprinzip für sexuelle Schicklichkeit gibt: »Was untersagt ist, ist verboten, aber nicht alles, was zulässig ist, ist nötig.« Viele Handlungen sind zwar koscher, aber spirituell unannehmbar wie Beziehungen, die Dritten weh tun, oder Beziehungen, in denen die Macht ungleich verteilt ist und eine Person die andere benutzt. Es ist nicht sinnvoll, sagt der erste Lubawitscher Rebbe, Heiligkeit anzustreben, während man gleichzeitig nach Schlupflöchern sucht.

Nicht alles, was gedacht wird, muß auch gesagt werden, nicht alles, was man fühlt, muß ausgelebt werden, und nicht alles, was man begehrt, muß man auch erwerben, sagen die Rabbis. Wie Gott für alle seine Kinder Sorge trägt, so muß jeder Mensch, der nach dem Ebenbild Gottes geschaffen ist, um alle anderen Sorge tragen, die natürlich auch nach Gottes Ebenbild geschaffen sind, gebietet die Tradition. Der Talmud benutzt eine Übertreibung, um dies dramatisch zu betonen: Er sagt, einen anderen zu demütigen oder zu erniedrigen, entspricht einem Mord. Viele, die ein traditionell jüdisches Leben führen, haben das Gefühl, daß man ebenso, wie man einen Pferch baut, um das Vieh darin im Zaum zu halten, man auch einen Zaun der körperlichen und verbalen Zurückhaltung bauen müsse, um unser ungezügeltes Selbst im Zaum zu halten.

Alle Verbote aus Leviticus sind weit über die ursprünglichen Zwölf Stämme Israels hinaus, die diese Gesetze am Fuß des Berges Sinai angenommen haben, zu kulturellen Tabus geworden.

Manche behaupten, das Judentum habe die Homophobie, wie auch viele dieser Verbote quasi erst »erfunden«, weil die Sexualität in der antiken Welt nicht anhand der sexuellen Orientierung oder sexuellen Variationen aufgeteilt wurde. Hammurapi, der Urheber des berühmtesten vorbiblischen Gesetzbuches der antiken Welt, hatte männliche Liebhaber. Die Griechen und Römer verherrlichten die Homosexualität, und daß ein Mann einen Knaben liebte, war keineswegs ungewöhnlich. Die jüdische Bibel war das erste bekannte Dokument, das die heidnische Vorstellung, Sex sei ein von der Seele oder von spirituellen Konsequenzen getrennter Akt, in Frage stellte. Und weil die Beziehung zwischen Mann und Frau als die einzige sanktionierte Norm galt, setzte im Judentum der Zivilisationsprozeß ein, diese Beziehung immer mehr aufzuwerten. Im Lauf der Jahrhunderte hat das Rabbinat die religiös-gesetzliche Grenze innerhalb einer fruchtbaren Partnerschaft immer weiter verschoben, um den Status von Frauen zu sichern, vor allem durch die Einschränkung von Polygamie und Konkubinat, die in der Bibel noch zulässig waren.

Das jüdische Gesetz erlaubt Veränderungen und Zusätze sogar bei Gesetzen, die von Gott in der wörtlich ausgedrückten Form so erlassen wurden. Obgleich die Tora zum Beispiel ganz deutlich sagt, daß an Pessach keinerlei gesäuertes Brot vorhanden sein darf, schufen die Weisen eine Rechtsfiktion, wonach ein Jude sein Gesäuertes an einen Nichtjuden verkaufen kann, der es dann nach Pessach an den Juden zurückverkauft. Doch die Sexualgesetze und die Einteilung der Perversionen blieben mehr als 3000 Jahre lang gegen jeden Zusatz gefeit. Auch die talmudischen Scheidungsgesetze, die sogar viele orthodoxe Rabbiner für archaisch halten, haben zum größten Teil keinerlei Erweiterung oder Veränderung erfahren.

Jüdische Rechtsgelehrte überrascht es daher nicht, daß Schwulenaktivisten mit den meist gutgemeinten und ernsthaften Vorstößen gegen eine Mauer angerannt sind. In der Moderne ist eine Veränderung des jüdischen Rechts besonders schwierig, weil es keine allgemein anerkannte gesetzgebende Körperschaft wie in der Antike gibt und die jüdische Zersplitterung jede Gruppe daran hindert, autoritativ für die kollektive Religion zu handeln, selbst wenn man unterstellt, sie wollte das tun.

Ein Problem ist es vor allem für orthodoxe und traditionell konservative Juden, die die Gesetzgebung mit den talmudischen Richtlinien in Einklang bringen wollen; die Gruppen der Reformrabbiner und einiger Liberaler nehmen für sich gar nicht penible Treue gegenüber den traditionellen jüdischen Gesetzen oder den göttlichen Ursprüngen der biblischen Gebote in Anspruch. Sie sagen, die jüdische Überlieferung habe ein Votum, kein Veto, in der modernen rabbinischen Politik. Die Orthodoxen geben der Überlieferung sogar ein so entscheidendes Veto, daß manchmal unklar ist, ob überhaupt irgendjemand sonst ein Votum abgeben kann.

Wenn im traditionellen Lager Veränderungen zugelassen wurden, dann nur in Fällen, die den Aufstieg des monogamen Mann-Frau-Ideals verherrlichten. Die jüdischen Rechtskundler sagen, daß sich jüdisches Recht wie alle anderen Rechtssysteme durch Präzedenzfälle und die Interpretationen der Verfassung dieser Gruppe entwickelt – der Bibel. Die Intention der Bibel läßt sich demnach dadurch sichern, daß es in der Bibel Hunderte von Analogien gibt, in denen die Beziehung von Gott zu Israel mit der Liebe von Mann und Frau gleichgesetzt wird. Wenn Gott und die Israeliten sich entfremden, dann wird in den prophetischen Büchern viele Male eine Analogie zu einer untreuen Frau oder einer Hure verwendet, also immer Metaphern, die innerhalb der Heterosexualität bleiben. Es gibt nicht eine einzige Analogie zu homosexueller Liebe, und es gibt auch kein Beispiel dafür, daß die anderen levitischen Gesetze in der späteren biblischen oder in talmudischer Zeit jemals abgelehnt oder mißachtet worden wären.

Unter traditionellen Juden ist die Aufhebung eines dieser Gesetze undenkbar, und es bestehen starke Ressentiments gegen jene nichttraditionellen Juden, die die Grundlagen und Voraussetzungen des traditionellen jüdischen Gesetzes nicht akzeptieren, sondern sich für einen Wandel in der sexuellen Gesetzgebung einsetzen.

Traditionelle Juden, die mindestens dreimal pro Woche laut aus der Tora lesen, glauben, daß jedes Wort der Tora identisch mit dem Wort Gottes ist; Homosexualität bleibt deshalb tief verborgen. Nur wenige Juden konnten daher aktiv und offen homosexuell werden, ohne zuvor ihre Bindungen an die traditionelle jüdische Gemeinde zu lösen.

Auch den modernsten unter den traditionellen Juden scheint dieses Dilemma mißlich, aber es ist auch nicht schlimmer, als wenn ein anderer traditioneller Jude zu einem Liebhaber von feinem, nichtkoscherem Wein wird und dann zwischen seinem Gaumen und der traditionellen Gemeinde wählen muß. Nach jüdischem Gesetz sind persönliches Begehren, Sucht oder Veranlagung kein Alibi für eine unkoschere Wahl. Gottes Wort ist Gottes Wort, und deshalb lehnt es der traditionelle Jude ab, homophobisch genannt zu werden, wo er doch in Wirklichkeit gar nicht anders kann, wenn er zwischen einem Jahrtausende bestehenden Glauben und einer Philosophie der sexuellen Permissivität zu wählen hat, die im schlimmsten Fall ziemlich heidnisch und im besten Fall in ihren spirituellen Erschütterungen unabsehbar scheint.

Es hat nichts mit Phobie zu tun; es hat nur mit der Bibel zu tun. Trotz des starken sozialen Drucks, der von der säkularen Welt und von liberalen Juden ausgeht, bleibt es eine einfache und offene Tatsache, daß das traditionelle Rabbinat sowohl in der orthodoxen wie in der konservativen Bewegung keinerlei homosexuelle oder lesbische Akte entschuldigt. Kein offen homosexueller Jude und keine lesbische Jüdin kann an einem orthodoxen oder konservativen Seminar auch nur immatrikuliert, geschweige denn dort ordiniert werden. Doch sind Homosexuelle zum Reformrabbinat zugelassen, aber da wir uns hier mit dem traditionellen Judentum befassen, müssen wir die Situation so betrachten, wie sie ist.

In der traditionellen Welt hat man meistens die Einstellung, daß man den Sünder liebt, aber die Sünde haßt; für die meisten Schwulenaktivisten ein inakzeptabler Kompromiß. Die heftigste Opposition gegen die soziale wie rechtliche Akzeptanz von Homosexualität wird meistens mit den Orthodoxen assoziiert, doch hat die konservative Bewegung verschiedene Standpunkte eingenommen, die Erwähnung verdienen. Bei Zusammenkünften von Rabbinern wird ständig wiederholt, daß die konservativen Juden für die volle bürgerliche Gleichstellung von Homosexuellen eintreten und Gewalt gegen Schwule verurteilen. Die Opposition bleibt auf die religiöse Arena beschränkt und richtet sich etwa gegen die Einsegnung einer Schwulenehe, die als Verspottung des jüdischen Gesetzes angesehen wird, die das Judentum als theatralisches Zeremoniell und nicht als ernsthafte Theologie ansieht. Die überwiegende Mehrheit der modernen Rabbiner würde auch bei heterosexuellen Ehen zwischen einem Juden und einem Nicht-Juden nicht amtieren. In Israel erkennt das bürgerliche Recht bei Fragen des Personenstandes, wie etwa dem Heiraten, das orthodoxe rabbinische Gesetz an.

Ein konservatives Komitee für jüdisches Recht und für Normen erklärte 1992, daß offen schwule Juden zwar nicht Rabbiner werden können (wie auch sonst niemand, der öffentlich bestehende jüdische Gesetze verletzt), doch als Mitglieder der Gemeinde in Sommerlager, Jugendgruppen und Schulen aufgenommen werden können.

Während die Orthodoxe Union, die dominierende Bewegung der meisten orthodoxen Synagogen, die bürgerliche Diskriminierung ebenso wie die Homosexualität verurteilt, befürchten andere orthodoxe Gruppen, eine Lockerung der kulturellen Beschränkungen würde unvermeidlich ein zur Sünde der Homosexualität verführendes Klima schaffen.

Wie aus der Verbotsliste in Leviticus hervorgeht, billigen traditionelle Juden, die jeden Buchstaben der Bibel einhalten, die immer breitere Akzeptanz der Homosexualität in der Moderne nicht, genausowenig wie Sex mit Tieren oder Inzest.

Die traditionelle jüdische Kultur, wie sie sich heute besonders in der Welt der Jeschiwa und der Chassidim darstellt, ist vermutlich die homosozialste der amerikanischen Gesellschaft – Männer sind mit Männern zusammen, Frauen mit Frauen. Unter diesen Umständen, schreibt Alisa Solomon in *Village Voice*, »muß die homosexuelle Panik einfach größer werden.«

Weitere Kritik kommt von dem früheren Religionskorrespondenten der *New York Times*, Ari Goldman, der in seinem Buch *The Search for God at Harvard* schreibt, daß Homosexualität das dunkle Geheimnis der Jeschiwa-Welt ist, in der junge Männer – denen nur ein minimaler Kontakt mit nicht zur Familie gehörenden Frauen erlaubt ist – in der wichtigsten Zeit ihrer sexuellen Entwicklung mit ihren Mitschülern gemeinsam leben, studieren, essen, atmen und sogar baden.

Tatsächlich steht in dem rabbinischen Text Awot d'Rabbi Natan: »Kne lecha chawer« (erwirb dir einen Freund). Das heißt, eine Person »sollte sich einen Gefährten nehmen, um mit ihm zu essen, zu trinken, die Bibel zu lesen, die Mischna mit ihm zu lernen, *mit ihm zu schlafen* und ihm alle Geheimnisse zu enthüllen, die Geheimnisse der Tora und die Geheimnisse der weltlichen Dinge.« Bedeutet Schlafen hier Sex oder familiäre Brüderlichkeit?

Die Jeschiwa, die die Studenten ermutigen würde, mit ihren Klassenkameraden zu schlafen, muß es in der Geschichte des Judentums erst noch geben, ebenso wie den Rabbiner, der einen Text anders als in einem heterosexuellen Sinne interpretiert.

Doch Dr. Abba Borowich, ein orthodoxer Psychiater, sagte in einem Interview mit *Moment*, einer jüdischen Zeitschrift, er habe zahllose orthodoxe Homosexuelle behandelt, meistens aus den Sekten mit strikter Geschlechtertrennung. »Der Grund liegt darin«, sagt Borowich, »daß sie keine andere Möglichkeit haben, sich abzureagieren. Die Jungen werden von den Mädchen getrennt, und sie dürfen nicht masturbieren. Für sie erfüllen homosexuelle Aktivitäten die Rolle der Masturbation.« Doch selten setzt sich dieses pubertäre Verhalten bis in das Erwachsenenalter und in die Ehe fort.

Das einschüchternde Verbot der Berührung einer Frau, ganz abgesehen vom Umgang mit ihr, hat zu einem beliebten orthodoxen Scherz geführt: Frage: Warum ist es verboten, mit einer Frau zu schlafen? Antwort: Es könnte zu gemischtem Tanzen führen.

»Gemischtes Tanzen« von Männern und Frauen ist für jemanden, der mit dieser Kultur nicht vertraut ist, vermutlich ein verwirrender Begriff. Es ist das, was die Nichtorthodoxen als Paartanz oder Standardtanz bezeichnen. Aber für traditionelle Juden ist richtiges Tanzen das, was bei Hochzeiten veranstaltet wird, wo Männer mit Männern in einem weiten Kreis tanzen und Frauen mit Frauen. Eine ganz neue Sprache mußte sich entwickeln, um zwischen denen »auf der Innenseite« und denen außen das zu vermitteln, was einer meinen könnte.

Borowich sagt, die Jeschiwa-Homosexuellen »verbergen es, so gut sie können. Aber manchmal wird es doch in der Mikwe [Ritualbad] oder bei der Weiterführung ihrer Homosexualität [in etwas weniger Episodisches] mit ihren Mitchassidim schwierig. Sie suchen dann vielleicht Sex-[Telefon-]Nummern heraus oder gehen zu männlichen Prostituierten.«

Solomon behauptet, daß »Homosexualität die jüdisch-amerikanische Einbildungskraft erregt«. Der amerikanische Antisemitismus äußert sich oft »in den Stereotypen von den geschlechtlich disfunktionalen Juden«: »der effeminierte weichliche Mann; die Frau, die nicht wirklich eine Frau ist, entweder weil sie eine herrschsüchtige jüdische Mutter ist oder, eine Generation später, eine frigide, aber herausgeputzte jüdische amerikanische Prinzessin. Mittlerweile ist die stereotype jüdische Familie – sanftmütiger Vater, des Berufs wegen immer außer Haus; dominierende Mutter, immer in der Küche – genau das Stereotyp für die Eltern, die schwule Söhne produzieren.«

Orthodoxe Männer sind so erzogen, daß sie mit ihrer Maskulinität eher auftrumpfen. In den Straßen und Betsälen der Synagogen tragen sie ihre kess geschwungenen, schwarzen Hüte und danken Gott täglich im Morgengebet, daß sie nicht als Frau erschaffen wurden. Orthodoxe Frauen, die zumindest in der Frühzeit ihrer Ehe manchmal die ökonomischen Versorger sind, solange die Männer ein Studium absolvieren, sind nicht im gleichen Maße wie Männer in ihrem Umgang auf die gleichgeschlechtliche Gruppe beschränkt, und bei ihnen kommt sapphische Unbesonnenheit seltener vor. Ihr Morgengebet ist weniger auf Konfrontation ausgerichtet, sie danken Gott, »daß Du mich nach Deinem Willen geschaffen hast.«

In der zweiten Hälfte dieses Jahrhunderts ist das Stereotyp schwacher Vater/starke Mutter schwer erschüttert worden, als die orthodoxe Welt einen Siegeszug antrat und der Zionismus mit schmetternden Tönen seinen Platz im jüdischen Bewußtsein gefunden hat. David Biale, Autor von *Eros and the Jews**, nennt den Zionismus die »erotische Revolution«, weil er den Mythos vom jüdischen Schneider und Geldverleiher ablöst durch den Mythos des Pioniers und Bauern/Soldaten, der Kriege gewinnt, weil er über quasi übermenschliche Fähigkeiten verfügt. Nach dem Sieben-Tage-Krieg 1967 war auf einem der meistverkauften Poster dargestellt, wie ein typischer schwacher

---

* erscheint 1997 auf Deutsch

osteuropäischer Jude eine Telefonzelle betritt und sich dort zu einem Superjuden wandelt.

In Israel gibt es jetzt Tausende von orthodoxen Jeschiwastudenten, die durch die harte Grundausbildung der israelischen Armee gehen und an der Front kämpfen, wenn es nötig ist. Solomon sagt: »Der Zionismus ist als das Mittel definiert worden, durch das Juden [zumindest jüdische Männer] nicht nur ein Heimatland bekommen, sondern auch einen Körper.« Jackie Mason spottet oft, daß junge israelische Männer aussehen wie Puertoricaner, schmal und zäh, nicht wie die Juden, die der Komiker aus seiner vorisraelischen Jugendzeit in Erinnerung hat.

Aber diese Erotik bleibt innerhalb der Schranken des Toragesetzes. Biale hat in der Zeitschrift *Tikkun* geschrieben, daß Kategorien wie »Verdrängung« und »Befriedigung« nur in die Moderne gehören und für die jüdische Tradition nicht relevant sind. Nach Meinung derer, die nach der Bibel leben, sind gewisse Speisen einfach für unseren kulinarischen Appetit nicht verfügbar, und manche Menschen sind für unseren sexuellen Appetit nicht verfügbar, auch wenn diese unverfügbaren Menschen vielleicht als Stimulantien dienen.

Ein traditioneller Jude kann durchaus wissen, daß manche unkoscheren Speisen köstlich, und diejenigen, die solches Essen zu sich nehmen, gute Menschen sein können. Außerdem könnte ein traditioneller Jude sogar danach verlangen, einen Hummer oder einen Cheeseburger zu kosten. Doch dadurch wird dieser Jude mit seinem Verlangen nicht als jemand bestimmt, der »nicht koscher« ist. Selbst wenn er den Hummer oder den Cheeseburger ißt, wird dadurch die Person nicht koscher oder unkoscher. Der Hummer ist nicht koscher, nicht das Individuum. Die Person, die den Hummer gerade verzehrt hat, erwirbt abgesehen von dieser besonderen Sünde in diesem besonderen Moment keinen speziellen Status als nicht-koscherer Jude. Und eine Person, die gerade eine sexuelle Fehltat begeht, erwirbt keinen permanenten oder semipermanenten Status, wie etwa »schwul«. Das Substantiv »Homosexueller« gab es im biblischen Hebräisch einfach nicht.

Biales Hauptargument ist, daß Leviticus genausowenig als repressiv abgetan werden kann, wie sein Schwesterbuch in der Bibel, das Hohelied, als freizügig dargestellt werden kann. Die Tradition handelt vielmehr von den »Dilemmas des Begehrens, dem Kampf zwischen widersprüchlichen Neigungen. … Bei aller Komplexität geht es der Bibel doch vor allem um eine Theologie der Fortpflanzung«, um die Betonung dessen, was manche »heiligen Sex« nennen, der mit Safer Sex einherge-hen muß; denn heiliger Sex ist ein Verhalten, dessen Ziel eine mit einer heiligen Tradition übereinstimmende himmlische Verhaltensnorm ist, und nicht die Ausrichtung aller Energien auf wenig mehr als bloßes Vermeiden von Schwangerschaft oder Krankheit. Traditionell liegt die Betonung vielmehr auf der Förderung von Schwangerschaft.

Die jüdische Vorstellung von dem, was heilig oder gerecht-fertigt ist, wird durch Trennung und Bestimmung ausgedrückt. Sex konnte innerhalb von Grenzen gedeihen, und innerhalb solcher Grenzen war die höchste Erotik nicht nur erlaubt, son-dern hatte auch Gottes Segen.

Safer Sex und heiliger Sex sind nicht Gegensätze, sondern ergänzen sich. Ein Liebender, der versucht in Harmonie mit Gott wie auch dem Partner oder der Partnerin zu leben, wird zum Beispiel ehrlich sein und sich bemühen, Krankheiten nicht weiterzugeben. Hierbei sind Herz, Seele und Verstand so wichtig wie der Penis oder die Vagina.

Dennis Prager, der Multimedia-Philosoph und Mitautor von *The Nine Questions People Ask About Judaism*, eine Einführung in das Judentum und ein Dauerbestseller, schreibt in seinen Aufzeichnungen *Ultimate Issues*:

»Wenn die Natur des Menschen nicht durch Werte diszipliniert wird, dann läßt sie es zu, daß der Sex das eigene Leben und das der Gesellschaft beherrscht. Als das Judentum forderte, alle Sexualität solle in der Ehe kanalisiert werden, veränderte es die Welt. … Diese Revolution bestand darin, daß es den sexuellen Geist in die Flasche der Ehe gezwungen hat. Sie gewährleistete, daß Sex die Gesellschaft nicht mehr beherrschte, erhöhte die Liebe zwischen Mann und Frau und die Sexualität – und schuf dabei fast alleine die Möglichkeit zu Liebe und Erotik innerhalb der Ehe.«

Die jüdische Tradition verwirft die Idee, jemand sei angesichts seiner sexuellen Wünsche hilflos. Rabbi Abraham Twersky, ein chassidischer Psychiater, schreibt in seinen Essays über die wöchentlichen Toralesungen: »Die weltliche Weisheit hat den Begriff des ›unwiderstehlichen Drangs‹ entwickelt, der rechtliche Auswirkungen hat und als mildernder Umstand gilt, der einen immerhin völlig von der Verantwortung, [sogar] für eine kriminelle Tat, freisprechen kann. Dieser Begriff ist der Tora völlig fremd, sie lehnt es ab, den Verlust der Selbstbeherrschung zu entschuldigen. Keinerlei Umstände, wie zwingend sie auch sein mögen, können den Verlust der Selbstbeherrschung rechtfertigen.«

Die Weisen des Talmud verweisen bei zahlreichen Gelegenheiten auf die der Tora zugrundeliegende Annahme, daß Gott kein Gesetz erläßt, wenn die Menschen nicht die Fähigkeit haben, danach zu leben. Nach Twersky »hält die weltliche Psychologie die Fähigkeit einer Person zur Selbstbeherrschung oft für sehr klein. Manches geht auf die Behauptung der Freudschen Psychologie zurück, daß die Verdrängung der eigenen Gefühle, Gedanken und Triebe die Wurzel für viele emotionale Verwirrungen ist. Daraus scheint zu folgen, wenn Verdrängung die Ursache der emotionalen Krankheit ist, dann müßte der freie Ausdruck der Weg zu emotionaler Gesundheit sein. ... Ganz im Gegenteil: die angemessene Reaktion sollte die bewußte Kontrolle sein.«

Aber für den traditionellen Juden sind Theorien und Philosophien einfach nur Gesellschaftsspiele. Über die sexuellen Gesetze der Bibel zu reden, ist ebenso sinnlos, wie darüber zu reden, ob der Sabbat auf den Mittwoch verlegt werden sollte.

Wie steht es mit dem Argument, Homosexuelle »können nicht anders«, sie sind eben so geboren, genetisch zu Liebhabern desselben Geschlechts vorgeprägt? Ob künftige wissenschaftliche Entdeckungen dieses Argument stützen werden, bleibt abzuwarten, und bei dem Hin und Her der widersprüchlichen Studien – die alle als wissenschaftlich und schlüssig gepriesen und dann doch durch andere, ebenso wissenschaftliche Studien widerlegt werden – ist es für die traditionelle Gemeinde am besten, ohne Eile zu handeln.

Wichtiger für die traditionelle jüdische Gemeinde ist nicht die Frage, was mit jenen geschehen soll, die genetisch zu einer sündigen sexuellen Entscheidung disponiert sind, sondern ob Homosexualität, etwa als Möglichkeit der sexuellen Erfahrung für einen Heterosexuellen oder Bisexuellen, moralisch neutral sei. Nach der jüdischen Tradition ist die Antwort ein klares »Nein«.

Aus einer praktischen therapeutischen Perspektive: Wenn ein orthodoxer Jude in meine Praxis kommt und sagt, er fühle sich zu anderen Männern hingezogen, dann frage ich ihn: »Können Sie sich in Ihren Phantasien vorstellen, mit einer Frau zusammen zu sein? Fühlen Sie dann eine Erregung? Wenn er das bejaht und sagt, er fühle sich aber auch zu Männern hingezogen, dann sage ich ihm: »Behalten Sie das für sich. Es gibt keinen Grund, das irgendjemandem mitzuteilen, und in der traditionellen Gemeinde erholt man sich von einer solchen Selbstbezichtigung nie. Juden haben keine rituelle Beichte. Bekennen Sie sich nicht, auch wenn es Sie belastet. Wenn Sie sich homosexuell erregt fühlen, versuchen Sie, sich das Bild einer Frau vorzustellen.« Ich verweise auf die Geschichte von Joseph, von dem geschrieben ist, daß er »kein Mann war«, das heißt, er verlor seine Erektion, als ihm das Bild seines Vaters erschien und ihn daran gemahnte, daß Potiphars Weib, eine verheiratete Frau, für ihn verboten sei. So erkläre ich die Macht des Geistes bei Problemen mit der Sexualität. Bei der Arbeit mit einem Patienten muß ein Arzt aber innerhalb der annehmbaren Beschränkungen der Kultur des Patienten bleiben. Es ist nicht Sache des Therapeuten, einen Patienten zu »outen«, der auf die dann folgende völlige und unumkehrbare Veränderung seiner sozialen Lebensumstände nicht vorbereitet ist. Außerdem würde ein Therapeut auch in der nichtorthodoxen westlichen Kultur niemals einen Patienten dazu ermuntern, seine Phantasien über den Verkehr mit Tieren oder das Schlafen mit der Frau des Vaters oder über andere Dinge auf der Verbotsliste in Leviticus auszuleben.

Es ist eine heikle Angelegenheit, einen Patienten auf einen Weg zu lenken, wenn diese Person die damit verbundenen Folgen vielleicht nicht bewältigen kann. Aber wenn ein traditioneller Jude mit schwulen Phantasien eben verheiratet sein soll, und wenn er sich sein ganzes Leben lang Bilder von Männern vorstellen muß, um erregt zu werden, dann sei es so, wie schwierig oder schmerzlich dies auch sein mag. Die Phantasie ist ein mächtiges Instrument. Es ist zwar nicht bewiesen, aber manchmal ist die Libido so stark, daß der Vollzug des Geschlechtsaktes das Erleben bestimmt und der Sex auch in einem heterosexuellen Kontext genossen wird.

Wenn er durch eine Tür oder einen Stuhl erregt wird, dann sei es so; der Nachdruck muß auf der Tatsache der Erregung und einer funktionierenden sexuellen Beziehung in der Ehe liegen, da das innerhalb der Tradition ein Muß ist.

Die Menschen haben in gewissem Umfang Kontrolle über ihre Erregung. Ich spreche nicht von jemandem, der bei einer Frau absolut keine Erektion haben kann. Ich spreche von jemandem, der niemals Sex hatte und sich zu Männern hingezogen fühlt. Wenn dieser Mann damit ein Problem hat und eine Lösung sucht – und praktisch alle Jeschiwaschüler haben damit ein Problem und suchen Heilung –, dann kann er sich durch seinen Geist dazu bringen, seine Sexualität auch mit einer Frau zu leben. Ob das gegenüber den Ehefrauen dieser Männer fair ist, ist eine andere Frage.

Frauen haben ihre eigenen Probleme. Ich hatte in meiner Praxis viele traditionelle Frauen, die sich für ihre lesbischen Wünsche schuldig fühlten, obgleich die Tora in diesem Punkt überraschend schweigsam ist. Andere fühlen sich schuldig wegen exzessiver sexueller Gedanken. Ich erinnere sie dann an den Wüstenzug der Israeliten, als Gott zu Moses sagte, er solle die Schönheitsspiegel als Gaben der Frauen für das Heiligtum akzeptieren. Manche Männer hatten Einwände gegen die Spiegel, die Objekte der Eitelkeit. Aber die israelitischen Sklaven, so erfahren wir, waren durch ihre übermäßige Arbeit und durch die Vorstellung, jeder neue Sohn würde in den Nil geworfen, so gebrochen, daß die Männer häufig impotent wurden oder sich der sexuellen Beziehung mit ihren Frauen enthielten. Diese Spiegel verdienten ihre Heiligkeit: Die Frauen benutzten die Spiegel, um sich schön zu machen, bevor sie ihre Ehemänner verführten und sie so weit erregten, daß alles andere als Freiheit unvorstellbar wurde.

Ich versuche bei meiner traditionellen Klientel die Schuldgefühle zu verringern, indem ich sie daran erinnere, daß in der jüdischen Tradition Schuld sich nur auf eine Handlung bezieht. Für Frauen wie für Männer ist die Phantasie eine Gabe Gottes, ein Sicherheitsventil. Doch gebe ich jeder Frau und jedem Mann den Rat, ihrem Partner nicht mitzuteilen, daß sie beim Geschlechtsakt an jemand anderen denken. Solange die Phantasie hilft, wenn es nötig ist, sollte man es wenigstens versuchen.

Es ist sinnvoll, orthodoxe Patienten daran zu erinnern, daß Gottes Tora bemerkenswert oft sexuelle Schwächen, Fehler und Abweichungen vergibt, wie wir aus den Geschichten von Juda und Tamar, David und Batseba, Lots Töchtern und Dutzenden anderer sehen. Gott sagt uns, daß Er nicht nur unser König und Richter, sondern auch unser Vater ist. Wir können manchmal Fehler machen und alles durcheinanderbringen, aber wie alle Eltern oder Großeltern wissen, haben wir für die, denen wir das Leben gegeben haben, ein unerschöpfliches Reservoir an Liebe und zweiten Chancen. Und die Tradition wird uns immer daran erinnern, daß es Gott war, der uns das Leben gegeben hat.

Ein Blick in das Buch Rut

Von den vielen Büchern der Bibel sind wenige gewagter oder sagen mehr über die Einstellung der Bibel zum Sex als das Buch Rut.

Die Bedeutung dieser besonderen Schrift – sie ist eine der fünf Rollen oder Megillas, die im Verlauf eines Jahres in der Synagoge gelesen werden – wird noch durch die Tatsache unterstrichen, daß das Buch Rut zur Lesung an dem hohen Festtag Schawuot bestimmt ist, dem Festtag, an dem gefeiert wird, daß Moses am Berg Sinai die Tora empfangen hat. Die Tora wird im Buch Rut nicht erwähnt, Sex dagegen ist omnipräsent; doch gibt es zwischen beiden zahlreiche Verbindungen.

Die Geschichte beginnt »in den Tagen, als die Richter richteten«, in einer Zeit, die als kulturelles Chaos gilt. Es herrschte Hungersnot im Land, wörtlich und spirituell.

Ein Mann aus Bethlehem – was wörtlich »Haus des Brotes« bedeutet – reiste in das nahe Land Moab, um dort Nahrung zu finden. Mit dem Mann Elimelech kamen seine Frau Naomi und ihre beiden Söhne. Elimelech starb bald. Seine Söhne heirateten Moabiterinnen; die eine war Rut, die andere Orpa. Und dann starben auch die Söhne. Naomi, die gehört hatte, daß die Hungersnot in Bethlehem vorbei war, machte Pläne, wieder dorthin zurückzukehren.

Naomi und ihre Schwiegertöchter reisten durch die judäischen Berge. Nachdem sie eine Weile nachgedacht hatte, sagte Naomi zu den Frauen, sie könnten wieder nach Moab zurückkehren, sie bräuchten sich nicht verpflichtet zu fühlen, bei ihr zu bleiben. In ihrer Traurigkeit fragte sie sich, ob nicht die Schwiegerbeziehung, die sie mit Rut und Orpa hatte, nur eine zivilisierte Täuschung war, eine Fassade, die zerbröckelt, wenn das eheliche Band verschwunden ist. »Sind wir wirklich eine Familie?«, dachte sie, »waren wir es je?«

Naomi ermutigte ihre Schwiegertöchter, Ehemänner zu finden und ihr Leben weiterzuleben. »Möge Gott euch gewähren«, sagte Naomi, »daß ihr Sicherheit findet, jede im Haus ihres [neuen] Ehemannes. ... Trage ich noch Söhne in meinem Leib, daß sie euch zu Ehemännern werden könnten? Kehrt um, meine Töchter, geht! Denn ich bin zu alt, um einem Ehemann anzugehören.«

Orpa kehrte um. Die Bibel erzählt, daß sich Rut an Naomi anschloß und dabei dieselben Worte benutzte, mit denen Gottes Gebot an Adam und Eva beschrieben wird, sie würden ihre Eltern verlassen und einander anhangen. Vielleicht kommt es daher, daß die Bibel Beziehungen, die anders als ehelich sind, als besondere, wenn nicht als heilige auffaßt. Heilige Beziehungen zwischen Liebenden erzeugen in immer weiteren Kreisen andere besondere Beziehungen.

Rut wird häufig »die Moabiterin« oder »Rut, die Moabiterin« genannt. Moabiter waren Nachkommen Moabs, dem Kind aus einer inzestuösen Affäre zwischen Abrahams Neffen Lot und einer seiner Töchter. Eine Moabiterin zu sein, heißt, in Schande zu sein. Die Bibel sagt im Deuteronomium, daß den Israeliten verboten ist, eine von ihnen zu heiraten, oder auch nur ihre Konversion zum Judentum zu akzeptieren.

Nach der Zerstörung Sodoms taten Lots Töchter, was sie

meinten tun zu müssen. Das Leben in einer verderbten Umgebung kann unsere Wahrnehmungen verderben. Aus diesem Inzest stammen Rut, David und die messianische Linie. Wie wir gesehen haben, ist sittliches Verhalten manchmal auf den ersten Blick obskur. Manches, was jahrhundertelang Ächtung verdient hat, wird Jahrhunderte später von Weisen und Mystikern für spirituell transzendental gehalten.

Rut und Naomi kehrten nach Bethlehem zurück. Naomi hatte einen Schwager, Boas, dem ein großes Feld am Rande der Stadt gehörte. Das Schicksal führte Rut auf sein Feld, und sie folgte hungrig den Schnittern, um die Ähren aufzulesen, die heruntergefallen waren. Sie war eine Migrantin, eine Herumziehende, eine Außenseiterin aufgrund ihrer moabitischen Herkunft.

Boas sah sie von weitem und fragte einen Vorarbeiter, wer die Fremde sei. Ihm wird gesagt: »Sie ist ein moabitisches Mädchen, das mit Naomi aus den Gefilden Moabs zurückgekommen ist. Sie hat darum gebeten, hinter den Schnittern die Ähren aufzulesen.«

Boas sagte ihr, sie solle nur auf seinen Feldern sammeln. Sie war zwar eine Moabiterin, aber er hatte von ihrer Freundlichkeit gegenüber Naomi gehört. Und so las Rut bei ihm Gerste und Weizen auf.

Naomi mahnte Rut, strategisch zu denken: »Boas, unser Verwandter, mit dessen Mägden du zusammen warst, wird heute Nacht Gerste auf der Dreschtenne worfeln. So bade und salbe dich, ziehe deine schmeichelhaftesten Kleider an und gehe hinab auf die Dreschtenne, laß dich aber vor dem Mann nicht merken, bis er mit Essen und Trinken fertig ist. Wenn er sich dann niederlegt, merke dir den Ort, wo er ruht. Dann gehe hin, decke seine Füße auf und lege dich hin; so wird er dir sagen, was du tun sollst.«

An diesem Abend aß und trank Boas und fühlte sich wohl. Als er im Mondlicht am Kornhaufen eingeschlafen war, ging Rut zu ihm: »Sie kam leise, deckte seine Füße auf und legte sich nieder. In der Mitte der Nacht da schrak der Mann auf; er griff um sich, sieh, da lag eine Frau zu seinen Füßen.« Sie sagte zu Boas: »Ich bin Rut, deine Magd; so breite dein Kleid über deine Magd, denn du bist mein Löser«, eine Rechtskategorie, die sich auf jemanden bezieht, der sie heiraten durfte.

Die in dieser Schriftrolle häufig, fast repetitiv verwendeten Wörter »erkennen« und »hinlegen« sind deutlich erkennbare sexuelle Euphemismen in diesem Text.

Boas bat sie: »Liege bis zum Morgen.« So blieb sie bis zum Morgen und erhob sich im Halbdunkel vor der Dämmerung, als sie nicht erkannt werden konnte. Boas flüsterte ihr zu: »Es darf nicht bekannt werden, daß die Frau auf die Dreschtenne gekommen ist.« Boas wußte, daß Gott diese Herzensdinge besser verstand als die meisten Menschen.

Nicht lange danach »nahm Boas Rut, und sie ward ihm zum Weib gegeben, und er ging zu ihr ein.« Da sangen die Zeugen: »Möge dein Haus gleich dem Haus Peres werden, dem Tamar den Juda geboren hat, durch die Nachkommen, die Gott dir geben wird.«

Oberflächlich betrachtet ein merkwürdiger Segen, da Tamar sich als Prostituierte verkleidete, um Juda zu verführen. Doch Tamar und ihr Sohn Peres waren die Vorfahren von Boas. Die Zeit heilt buchstäblich alle Wunden.

Rut teilte ihr Glück in dieser Zeit so sehr mit Naomi, daß sie beinahe zu einer Ersatztochter für ihre Schwiegermutter wurde. Naomi wurde die Kinderfrau des Babys. Die Gemeinde jubelte über das Kind: »Die Nachbarinnen gaben ihm einen Namen, der besagte: ›Geboren ist der Naomi ein Sohn‹, und sie nannten das Kind Obed.« Er wurde erwachsen und hatte eigene Kinder. Eines wurde Isai genannt, und Isais Sohn war König David.

Die Frauen der Stadt sagten zu Naomi: »Gepriesen sei der Ewige, der es dir heute nicht an einem Löser fehlen ließ, und möge sein Name ausgerufen werden in Israel. Er wird dir das Leben erneuern und dich im Alter versorgen! Denn deine Schwiegertochter, die dich liebt, hat ihn geboren, die dir mehr wert ist als sieben Söhne.«

Das Buch Rut ist ein großartiges Beispiel dafür, daß die Bibel ein strategisches Handbuch für die Geschlechter sein kann, das die Frauen ermutigt, mit dem Sex anzufangen, auch außerhalb der Ehe, vorausgesetzt die Beziehung trägt die Möglichkeit zur Fruchtbarkeit, zum Leben, zur Spiritualität in sich. Wie tief auch jemand gesunken sein mag, trotz des Stigmas, aus einem Inzest hervorgegangen oder eine wandernde Moabiterin zu sein, sind in uns allen die Möglichkeiten zu einem herrlichen Leben verborgen.

Denn trotz aller »Du sollst nicht«, für die die Bibel bekannt ist, gibt es im biblischen Kanon Dutzende Beispiele, in denen uns ganz deutlich gesagt wird, daß das Judentum eine Tradition ist, in der die Schwächen des Herzens ebenso gelten wie die Schärfen des Gesetzbuches. Rut ist ein Beispiel für das, was David Biale in seinem Buch *Eros and the Jews* »die Politik der sexuellen Subversion« nennt. Hin und wieder werden sexuelle Normen, die in der Bibel formuliert sind, aufgehoben. Tatsächlich findet sich in den mehr als tausend Seiten des Heiligen Buches kaum eine Beziehung, die der Norm völlig entspricht. Und die Subversionen enden nicht mit der Geburt Davids. Der Autor der Psalmen wird uns als jemand gezeigt, der einem anderen Mann die Frau stiehlt. Doch eben aus dieser Beziehung mit Batseba, der Ehebrecherin, wird Salomo geboren, der Erbauer von Gottes Heiligem Tempel und für viele ein ebenso großer König wie sein Vater; sie waren die zwei größten Staatsoberhäupter, die die Israeliten je hatten. Wahrscheinlich weil David seine Schwächen erkannte und sie nicht ex post facto rechtfertigte, sondern vollkommen bereute, nachdem er von dem Propheten Natan gestraft worden war. Biale schreibt: »Erotische Übertretungen sind insgeheim positiv. ... Gott, so scheint es, ist auf beiden Seiten des Gesetzeszaunes, um das Wohl seiner Auserwählten zu befördern.«

Und wer ist auserwählt? Wer in der Zeit von Boas lebte, dachte sicherlich nicht, daß dies auch Moabiter oder die Kinder eines Inzests oder der Hurerei sein könnten. Und doch waren sie es.

Viele Jahrhunderte später entwickelte der Chassidismus Theorien über das Sündigen, die auf der Grundlage der Bibel behaupteten, niemand sollte das Gefühl haben, Liebe oder himmlischer Sex seien wegen unserer Unvollkommenheiten unerreichbar. In der messianischen Zeit wird offenbar werden, daß jede unserer in guter Absicht begangenen Sünden nicht Sünden waren, sondern himmlische Schachzüge, um uns in eine Situation zu bringen, in der wir Gottes Plan befördern können.

Aus der Geschichte von Rut lernen wir auch, daß Gott, selbst wenn er Überstunden macht, um unsere Schwächen wieder gut zu machen, unserer Passivität keinen Raum läßt. Rut war die Nutznießerin von Naomis Strategie, und Boas, ganz abgesehen von zukünftigen Generationen, war der Nutznießer von Ruts scheinbar unmoralischem Verhalten, als sie sich in der Scheune an ihn schmiegte und in dieser Nacht das Lager mit ihm teilte.

Die schwierigste Hürde, die ein Patient in der Therapie zu überwinden hat, ist, zu lernen, sich mit den Brüchen und dunklen Flecken seiner Vergangenheit auseinanderzusetzen, den Sünden von gestern. Damit soll nicht gesagt sein, daß alles erlaubt ist, aber das Buch Rut lehrt uns, daß alles vorbeigeht und verwandelt wird. Staub verwandelt sich in Diamanten, Wasser in Wein. In dieser Tradition spielt das Vergebene eine ebenso große Rolle wie das Verbotene.

Der Sabbat

Dieses Kapitel wird eine romantische Führung durch 25 Stunden der sinnlichen Wonne auf der Grundlage der jüdischen Tradition (der Sabbat beginnt bei Dämmerung, endet aber am Abend des nächsten Tages nach Einbruch der Dunkelheit). Als ob sie vom Baum der Erkenntnis gegessen hätten, werden die Leser sich ihrer Sexualität mehr bewußt werden, der Sexualität der Religion und der Kraft zur Erneuerung mit Hilfe von Praktiken aus uralten Zeiten.

Gott ist der beste Sextherapeut überhaupt. Er/Sie hat einen Tag in der Woche geschaffen, den Sabbat oder Schabbes, an dem Gott unter anderem fordert, daß wir unsere Liebe zum Göttlichen durch unsere Liebe füreinander zum Ausdruck bringen. Will man den Richtlinien für den Schabbes vollkommen folgen, dann müssen wir uns einen vollkommenen romantischen Abend gestalten, der seinen Höhepunkt im Liebesakt findet, wie immer wir ihn am liebsten mögen.

Man muß nicht Jude sein, um sich den Schabbes für das eigene sexuelle Vergnügen anzueignen. Aber wenn man die im Schabbes inhärente Sexualität nicht versteht, kann man unmöglich verstehen, wie bescheidene, zurückhaltende religiöse Juden in der Lage sind, ihre hocherotischen, ansonsten aber zurückhaltenden Seiten ihrer Persönlichkeit zu erschließen.

Der Sabbat beginnt wie alle jüdischen Tage am Abend des Vortages, aber der Sabbat kommt nicht einfach, wenn die Sonne untergeht. Er wird personalisiert, als wäre er eine Braut, die »ankommt«. Der Sabbatstundenplan ist strukturiert wie eine wöchentliche Hochzeit für ein Liebespaar. Die talmudischen Weisen erklärten ausdrücklich, daß das Liebemachen in der Freitagnacht ein besonderer Segen sei. Deshalb sind fast alle sogenannten Restriktionen, die den Schabbes umgeben, der Romantik förderlich, und so gut wie alles, was sich auf den Sabbat bezieht, hat eine übertragene mystische, sexuelle Bedeutung.

Am Sabbat geht es um die Heiligung und die Freude an diesem Tag, die Unterbrechung der weltlichen Beschäftigungen, einen Schimmer der zukünftigen Welt, wenn die Uhr in einem himmlischen Takt ticken wird.

Uns wird gesagt, wir sollen den Sabbat mit unserem Herzen, unserer Seele und allen fünf Sinnen heiligen. In Dewarim Rabba heißt es: »Heilige den Sabbat mit Speise und Trank, mit herrlichen Kleidern. Erfülle dich mit Freude und Gott wird dich für diese Freude belohnen.« Im Judentum hat Gott eine männliche und eine weibliche Komponente. Mit dem Liebesakt in einer Freitagnacht wird die Einheit von Gottes maskulinen und femininen Aspekten gefeiert.

Schabbes beginnt deshalb in der Abenddämmerung des Freitags mit dem Anzünden von zwei Kerzen, die unter anderem das Männliche und das Weibliche symbolisieren. Wenn am Samstagabend der Sabbat endet, wird eine geflochtene Kerze mit jetzt zwei wie in einer Liebesumarmung umschlungenen Kerzen angezündet. Beinahe jeder Brauch, der zur jüdischen Einhaltung des Sabbat gehört, bringt uns unserem Ziel näher, gegenseitig unsere Erregung zu entfachen und uns zu umschlingen.

Am Sabbatabend werden Gebete gesprochen, die Liebenden möchten in seinem oder ihrem Haus Befriedigung finden. Der Erregung wird ihre Zeit gewährt, wie lange das auch sein mag. Zuerst gibt es private Gebete, eine Schau nach innen. Die Liebenden stimmen sich aufeinander ein, lösen sich von der Außenwelt, von allen Zwängen der Arbeitswoche, von den weltlichen, nachrangigen Beziehungen.

Gesetze gegen den Gebrauch von Strom, Motoren, Batterien und dergleichen haben Vorteile für die Liebenden: Gehe gemächlich, fahre nicht. Würdige die Schönheit der Welt beim Spazierengehen unter dem Sternenhimmel und im Mondschein. Klopfe an die Tür, klingele nicht. Nimm das Telefon nicht ab. Der Fernsehapparat ist abgeschaltet. Vergiß das Radio. Was wie schreckliche Einschränkungen aussehen mag, sind in Wirklichkeit überhaupt keine Einschränkungen. Vielmehr sind ja gerade das klingelnde Telefon und die plärrenden Fernsehshows die wirklichen Hindernisse für eine gute Beziehung. Vergiß den CD-Player und den Cassetten-Recorder. Die Liebenden müssen selbst buchstäblich Musik miteinander machen, bei Tisch singen. Romantische Melodien, genannt Semirot – Lieder von Königinnen und Engeln, von Bräuten und Mysterien – werden gesungen.

Die Liebenden essen bei Kerzenlicht. Das Mahl beginnt damit, daß man den Wein gemeinsam trinkt und Laibe von Challazöpfen, einem besonders feinen Brot, ißt. Wenn die Liebenden dann bereit sind, ins Bett zu gehen, dann können sie beinahe nicht anders, als dies in einem höchst verführerischen und verführten Gemützustand zu tun.

Bevor das Freitagabendgebet gesprochen wird, und während die Frauen die Kerzen anzünden, flüstern in vielen chassidischen Gemeinden die Männer die Worte des Hoheliedes, eines so erotischen Buches, wie es sich nirgendwo sonst in der religiösen oder anderen Literatur findet. Das Hohelied – geschrieben von Salomo, dem Ehemann von 700 Frauen – ist eine Allegorie auf die Beziehung von Gott zu Israel, die nur innerhalb der fließenden Dynamik einer Mann-Frau-Beziehung verstanden werden kann, in der erst der eine, dann der andere Partner verführt oder ausweicht.

Man höre auf die Worte: »Er küsse mich mit seines Mundes Küssen, weil köstlich ist dein Kosen mehr als Wein … Verschloßner Garten bist du, Schwester, Braut, verschloßner Brunnen, versiegelter Quell … Wie süß ist deine Liebe, dein Duft ist köstlicher als alle Gewürze … Gewaltige Wasser können nicht die Liebe löschen, und Ströme schwemmen sie nicht fort.«

So ist die Gott-Mensch-Beziehung noch nie beschrieben worden. In der Einführung in das Hohelied heißt es in dem Abschnitt, der am Vorabend des Sabbat gelesen wird, im *Art Scroll Prayerbook* (Mesorah Publications): »Salomo sah durch den Heiligen Geist voraus, daß es Israel bestimmt sein würde, eine Reihe von Exilen zu durchleiden, und es wird klagen und sich sehnsüchtig an seine frühere Stellung als Gottes auserwählte Geliebte erinnern. Israel wird sagen: ›Ich will zu meinem ersten Ehemann [d. h. zu Gott] zurückkehren, denn dort erging es mir besser als jetzt‹ [Hosea 2, 9]. … Die Propheten«, sagt der Kommentar,

»verglichen die Beziehung von Gott und Israel oft mit der eines liebenden Ehemannes, der über eine untreue Frau, die ihn betrügt, zürnt. Salomo verfaßte [sein Hohelied] als eine solche Allegorie. Es ist ein leidenschaftlicher Dialog zwischen dem Ehemann [Gott], der immer noch seine fremdgewordene Ehefrau [Israel] liebt, und der Frau, der wirklichen Witwe eines lebendigen Ehemannes, die sich nach ihrem Ehemann sehnt und versucht, sein Gefallen wieder für sich zu gewinnen, wenn sie ihrer jugendlichen Liebe für ihn gedenkt und ihre Schuld eingesteht.

Gott … erinnert sich der Freundlichkeit ihrer Jugend, ihrer Schönheit und ihrer Fertigkeiten, für die Er sie so liebt. … Denn sie ist immer noch

Seine Frau, und Er ihr Ehemann, und Er wird wieder zu ihr zurückkehren.«

Daß das Hohelied am Sabbatabend rezitiert wird, geht auf eine kabbalistische Lehre zurück – die das *ArtScroll* aus dem klassischen Gebetbuch, dem *Sidur Arugat Habosem,* übernimmt –, wonach die Rezitation zu dieser Zeit so mächtig ist, daß sie den Leser vor der Gehinnom, der jüdischen Vorstellung der Hölle, errettet.

Die Midraschsammlung *Genesis Rabba* lehrt, Gott habe dem Sabbattag gesagt, alle sechs Tage der Woche haben ihren »Gefährten«, der Sabbat aber werde mit dem jüdischen Volk verheiratet sein, wobei der Sabbat die Braut ist. Die Kabbalisten in der israelischen Bergstadt Safed begrüßten deshalb den Beginn des Sabbat buchstäblich wie ein erwartungsvoller Bräutigam die Braut. Bei Sonnenuntergang am Freitag, nach dem Baden und dem Eintauchen in das Becken der Mikwe, kleideten sich die Mystiker in Weiß und gingen hinaus in die Felder am Rande der Stadt, »um sie zu begrüßen«.

Einer der Kabbalisten, Schlomo Halevi Alkabez, schrieb *Lecha Dodi*, ein eingängiges Lied, das auf den Feldern gesungen wurde und das mit den Worten beginnt: »Komm meine Liebe, laß uns die Braut begrüßen.« Er singt davon, daß er seine Ängste und Hemmungen abstreift: »Schäme dich nicht. … Warum bist du so bedrückt?« Und während die sinkende Sonne den Sänger in die Farben von Feuer und Wein eintaucht, singt der Kabbalist: Die Liebe kommt, die himmlische Liebe kommt durch die Dämmerung.

Auf *Lecha Dodi* folgen die Lesungen aus dem Sohar, dem wichtigsten jüdischen mystischen Text, der die Sabbatteilnehmer weiter erregt und sie an die Verbindung von Männlich und Weiblich später in dieser Nacht erinnert. »Dies ist das Geheimnis des Sabbat«, sagt der Sohar. »Sie wird zum Sabbat, wenn sie sich in dem Geheimnis der Einheit vereinigt, so daß Gottes Einheit auf ihr ruhen kann, ... Alle zornigen Gewalten und alle Grollbeladenen fliehen, es gibt in der Welt keine andere Macht als sie. Ihr Antlitz glüht in einem himmlischen Licht und sie nimmt die Heiligen hier unten zu ihrer Krone ... sie krönen sich mit den neuen Seelen, die mit dem Sabbat kommen.« Alles ist neu, sogar unsere Seelen.

Obgleich die mystischen Texte Myriaden von Bedeutungen haben, bezieht sich nach Rabbi Aryeh Kaplan »das Wort *atara* (Krone) in alten kabbalistischen Texten auch auf die Krone *jessod* (die mystische Grundlage) oder (wenn man den kabbalistischen Kode entschlüsselt) auf die Drüse des Geschlechtsorgans. Die *atara* ist der Sitz der Lust.« Kaplan erklärt den liturgischen Vers: »Der Gerechte ist die Grundlage der Welt« dahingehend, daß der heilige Zaddik, der den Sabbat getreulich einhält, *jessod* repräsentiert. »Daher kann gerade der Zaddik göttliche Lust haben ... Das Organ, das üblicherweise mit dem Physischen assoziiert ist, wird zu einem Mittel, vom Göttlichen Lust zu empfangen.«

Die Tradition sagt dem Mann und der Frau, daß sie in der Nacht von Engeln begleitet werden, die in der Hymne »Schalom Alechem« begrüßt werden:

> »Friede euch dienenden Engeln ...
> Mögt ihr den Frieden bringen ...
> Segne mich für den Frieden.
> Mögt ihr in Frieden gehen, ihr Engel des Friedens,
> Engel des Erhabenen Einen, des Königs,
> Der über Könige herrscht.«

Wenn ein Mann eine Frau nicht allein verführen kann, dann flüstert ihm die Tradition, wie ein heiliger Cyrano, buchstäblich die Worte des Eschet Chajil ins Ohr, der 21 Verse aus dem Buch der Sprüche, die eine »kostbare Frau« rühmen, eine Frau, die

kreativ und fleißig bei ihren Unternehmungen und doch für-
sorglich, spirituell und eine Quelle der Freude für ihre Familie ist. Dieses Lied soll beim Mahl am Sabbatabend gesungen
werden:

> »Auf sie vertraut des Gatten Herz …
> Sie tut ihm Liebes und kein Leid all ihres Lebens Tage …
> Den Mund tut sie mit Weisheit auf,
> Der Liebe Weisung ist auf ihrer Zunge …
> Lug ist die Anmut, Dunst die Schönheit,
> Ein Weib, den Ewgen fürchtend, wird gerühmt.
> Singt ihr nach ihrer Hände Lohn,
> Man preiset in den Toren ihre Werke!«

Bei der Stimmung am Freitagabend ist es nur natürlich, daß
einige Verse des Eschet Chajil als Hochzeitslieder berühmt geworden sind. Bei den Breslauer Chassidim bat einmal eine
Braut ihren Vater um ein Hochzeitsgewand, aber er war zu
arm, um ihr eines zu kaufen. Statt dessen vertonte er die Verse des Eschet Chajil: »Os we-Hadar, Macht und Hoheit sind
ihr Gewand, sie freut sich auf die Zukunft.«

Bei Hochzeiten der Breslauer Chassidim wird zu diesem
Lied manchmal stundenlang getanzt, und aus demselben
Grund wird es bei der »wöchentlichen Hochzeit« am Freitagabend gesungen, wenn die Lust in allen Köpfen ist und niemand reich sein muß, um eine Liebesaffäre zu haben.

Viele Männer finden die poetische Sprache unecht, nehmen
aber gern den Rat an, ein Mann solle so sprechen, daß es die
Frau erregt. Sie finden es aber dann noch schwieriger, die theo-
retische Verführung auch in die Praxis umzusetzen. Yitzhak
Buxbaum berichtet in seinem Kompendium *Jewish Spiritual
Practices*, daß ein traditionelles Zitat von Adam stammen könnte, der zu Eva sagte: »Bein von meinem Bein und Fleisch von
meinem Fleisch, sie soll Ischa heißen.« Er zitiert aus Reschit

Chochma und schreibt: »Sieh, wie süß sind diese sanften Worte, die Adam zu seiner Frau sprach, um ihr zu zeigen, daß sie wie ein Körper sind, und daß es zwischen ihnen überhaupt keine Trennung gibt.«

Natürlich gibt es auch Frauen, die durch eine grobe Sprache, durch Gossenjargon und eine Hauruck-Sexualität erregt werden, aber dafür gibt es in der jüdischen Tradition keine Hinweise, die eher Zurückhaltung und weibliche Zartheit voraussetzt als Unflätigkeit. Doch die Unterschiede zwischen den Geschichten in der Bibel oder dem Talmud und dem heutigen religiösen Leben läßt vermuten, daß Erregung etwas sehr Subjektives und typisch für die jeweilige Zeit und den Ort ist und nicht eine absolute Verhaltensform. Wenn für die Erregung einer Frau oder eines Mannes eher derbe Techniken notwendig sind, dann sei es so, besonders wenn die Alternative ein unerregter, uninspirierter Partner ist.

Das durchgehende Motiv in der Tradition ist, daß Gott allgegenwärtig ist und in allen Beziehungen eine Rolle spielt, deshalb raten die talmudischen Weisen zu einer Erregungstechnik, die eher himmlisch als fleischlich ist, wenn hier überhaupt Abhilfe geschaffen werden kann. Buxbaum gibt in *Jewish Spiritual Practices* einen Ratschlag aus dem *Sidur Jaawez*:

»Es gibt keinen Geschlechtsverkehr ohne vorherige Umarmung und Küsse. Und es gibt zwei Arten von Küssen: die erste ist vor dem Geschlechtsakt, wo das Küssen den Zweck hat, daß der Mann die Frau besänftigt und die Liebe zwischen ihnen erregt; die andere Art ist während des Geschlechtsverkehrs, wo es den Zweck hat, die beiden Arten der Vereinigung zu vollziehen, die niedrige und die höhere zugleich.«

Der Geschlechtsakt selbst ist von Ritual und Brauchtum umgeben, manches davon obskur, manches volkstümlich. Daß religiöse Juden durch ein Loch im Bettuch miteinander schlafen, ist eher ein Scherz unter nichtreligiösen Juden, die über traditionelle Juden spekulieren, als eine Tatsache oder eine Notwendigkeit. In Wahrheit wäre es gar nicht erlaubt, weil es Erregung und Lust möglicherweise behindern könnte.

Manche Chassidim waschen sich vor dem Sex die Hände, nicht um damit Schmutz zu entfernen, sondern weil Sex als ein heiliger Akt verstanden wird, vor dem man sich ebenso zeremoniell die Hände wäscht wie vor dem Sabbatmahl oder vor dem priesterlichen Segen. In allen diesen Fällen sollten die Hände schon mit der guten alten Seife gewaschen worden sein, denn beim rituellen Waschen gießt man sich nur symbolisch Wasser über die Hände; es hat nämlich überhaupt nichts mit Hygiene, sondern nur mit Heiligkeit zu tun.

Es ist Brauch, daß man Almosen gibt, wenn auch nur eine einzige Münze, um Gottes Gnade zu wecken und das eigene Herz zu öffnen. An Schabbes und an Feiertagen, wenn man Geld nicht berührt, kann die Absicht angegeben und dann nach dem heiligen Tag ausgeführt werden. Das Almosengeben bedeutet auch die Erhebung der materiellen Welt in die himmlischen Reiche der Spiritualität, eine Erhebung, die die Tradition auch für die Sexualität anstrebt.

Die Frommen lernen Abschnitte aus den heiligen Schriften, die mit Sex zu tun haben, oder rezitieren Psalmen wie den Psalm 23, der hilft, die negativen spirituellen Kräfte wie Dämonen abzuwehren, die ebenso zum jüdischen Lexikon gehören wie Engel. Es gibt Theorien, wonach bei jedem Samenerguß außerhalb der ehelichen Vereinigung Dämonen geschaffen werden, da die im Samen innewohnende Lebenskraft kein richtiges Gefäß oder keinen Ruheplatz findet.

Nach manchen Lehrern folgen diese Dämonen den Begräbnisprozessionen und klagen, sie seien die ungeborenen Kinder des Toten und nun gekommen, um sich ihr Erbe zu holen.

Reb Nachman von Breslau lehrte in seinen *Likkute Moharan*: »Wenn du glaubst, daß du Schaden anrichten kannst, dann kannst du auch glauben, daß du ihn wieder gutmachen kannst.« Er empfiehlt den Männern, die Psalmen, 16, 32, 41, 42, 59, 77, 90, 105, 137 und 150 zu sprechen, denn jeder Psalm entspricht einer der zehn heiligen Liedformen: Aschre, Bracha, Maskil, Schir, Nizuach, Ngun, Tefila, Hoda'a, Mismor und Halleluja. Jede Liedform hat die Macht, schlechte Eigenschaften, die in dieser Welt vorherrschen, aufzuheben.

Reb Nachman, ein Enkel des Baal Schem Tow, des Begründers des chassidischen Judentums, sagte, die Rezitation dieses Zehn-Psalmen-Heilmittels befreie den vergossenen Samen aus der Kelipa der bösen Kräfte, die ihn »gefangen hält«. Psalmen sind die richtigen Waffen, da das hebräische Wort für Psalmen, Tehillim, nach einem rabbinischen Kode den Zahlenwert 485 hat, und das ist derselbe Zahlenwert wie für den Namen Lilith. Nach der Überlieferung war Lilith das ursprüngliche weibliche Wesen, das Adams Gefährtin hätte sein können, aber lieber weglief und die Königin der Dämonen wurde. Sie wird beschuldigt, jungen Männern sexuelle Phantasien und Verlockungen einzugeben, weswegen diese dann nach den wilden Vergnügungen des Lebens streben anstatt in die heilige Ehe.

Die Psalmen beziehen sich auch auf die zwei göttlichen Namen und Gottesattribute Stärke und Liebe. Nach den Mystikern enthält der Samen diese göttlichen Attribute und ist deswegen fähig, Leben einzuflößen. Der männliche Samen soll in Entsprechung zu Stärke und Liebe die Kraft von Feuer und Wasser, Hitze und Flüssigem, enthalten.

Der als der Seher von Lublin bekannte chassidische Meister empfahl vor dem Sex eine Meditation, um Gott im voraus anzuhangen, wohl wissend, daß es unmöglich ist, während des Geschlechtsverkehrs nicht wenigstens momentweise von dem Gift reiner physischer Lust erfüllt zu sein. Andere Meister lehrten ihre Schüler, Gott für die erhabenen Empfindungen zu danken, die Er uns als seine Gabe gegeben hat; sich fest einzuprägen, daß Gott vom Sex nicht getrennt, sondern dessen wahre Quelle ist.

Es heißt, Jakob verdiente es, der Vater der Zwölf Stämme zu sein, weil sein Geist auch während des Geschlechtsverkehrs nie die Verbindung zwischen Gottes himmlischem Licht und der Sexualität verlor.

Der Maggid von Meseritz lehrte eine Meditation vor dem Sex, in der der Mann sich vorstellt, er sei im Garten Eden vor dem Sündenfall, an einem Ort ohne Eifersucht, Ärger oder falschem Stolz, wo alles Sinnliche wie Nahrung und Sex mit Liebe und Entzücken verbunden war, wo die Spiritualität ungehindert in jedes Ding und jede Handlung einfloß.

Vor dem Sex beten manche Paare um den Segen, den jeweils anderen zu befriedigen und/oder Kinder zu haben, wenn das möglich ist. Wie bei den meisten Gebeten im Judentum stehen die Worte im Plural, so daß das Gebet sich für alle eignet, die sich nach einem Kind oder gelungenen Vereinigungen sehnen. Zwei beliebte Psalmen für diese speziellen Gedanken sind Psalm 19 und Psalm 128. Psalm 19 verkündet: »Kenntnis kündet Nacht der Nacht: Kein Sprechen, keine Worte. … Der Sonne baut er drin ein Zelt, sie kommt wie ein Bräutigam aus seiner Kammer, jauchzt wie ein Held, die Bahn zu laufen. Vom Himmels Ende kommt es und kreist zu seinen Enden. Nichts birgt sich seiner Glut. … Von Unbewußtem halt mich rein, Ja, vor Vermessnem wahre deinen Knecht, … Dann werde ich untadlig sein und rein von vielem Frevel.«

Psalm 128 spricht davon, die Frau »sei wie ein Weinstock fruchtend im Innern deines Hauses. Wie Ölbaumstämmchen deine Kinder um deinen Tisch. Sieh, so gesegnet wird der

Mann, den Ewgen fürchtend. … und schau das Glück Jerusalems all deine Lebenstage. Und schaue Kinder deinen Kindern, den Frieden über Israel.«

Am Sabbat und an Feiertagen singt man vor dem Dankgebet nach dem Essen den Psalm 126: »Da waren wir wie träumend. Da füllte sich mit Lachen unser Mund und unsere Zunge sich mit Jubel. …Die säen mit Tränen, mit Jubel solln sie ernten. … Da kommt er heim mit Jubel, der trägt seine Garben.« In der Danksagung steht ein Gebet, das für den Ehegefährten und seinen Samen gesprochen werden soll. Auch Unverheirateten wird geraten, diesen Segen für Ehegatten und Samen zu sprechen und einen Segen über eine weite Entfernung dorthin zu schicken, wo Ehegatte und ungeborenes Kind sein mögen.

Der Sabbattag ist nicht weniger vergnüglich. Vor dem Mittagessen wird der Wein mit einem Gebet gesegnet, in dem auch die Zeile »Und die Kinder Israel sollen den Sabbat halten« steht. Hübsch und trocken, sagen diejenigen, die meinen, sie kennten das Judentum – aber was kennen sie schon. Rabbi Jakob Emden hat gezeigt, daß die Anfangsbuchstaben der Wörter des hebräischen Satzes das Akronym Bet-Jud-Aleph-He – »Bijah« ergeben, ein hebräisches Wort für den Geschlechtsverkehr. Die beliebteste Tätigkeit am Sabbatnachmittag ist ein Schläfchen. Eine ideale Gelegenheit, mit dem/der Geliebten mitten am Tag ins Bett zu gehen.

Der Talmud sagt einer Frau nicht, wann sie Liebe machen soll. Wahrscheinlich kann sie immer, wenn sie will, ausgenommen sie hat ihre Periode. Aber den Männern wird auf der Grundlage ihrer Berufe genau gesagt, wie oft sie Liebe machen sollen.

In der Mischna Ketubbot steht geschrieben, daß ein Mann, wenn er ohne Arbeit ist und nichts zu tun hat, mindestens einmal am Tag mit seiner Frau Liebe machen muß. Ein Arbeiter, der wahrscheinlich erschöpft nach Hause kommt, muß mit seiner Frau mindestens zweimal pro Woche Liebe machen. Ein Eseltreiber, der oft von zu Hause weg ist, muß mit seiner Frau mindestens einmal pro Woche Liebe machen. Ein Kameltreiber, der über weite Entfernungen reist, muß innerhalb von dreißig Tagen mindestens einmal mit seiner Frau Liebe machen. Seiler müssen mit ihren Frauen mindestens alle sechs Monate Liebe machen. Vielleicht weil Seiler weit von zu Hause weg sind, es kann aber auch bedeuten, daß Seiler nicht daran erinnert werden müssen. Aber ein frischvermählter Geschäftsmann muß mindestens ein Jahr lang zu Hause bleiben. Auch hier zeigt sich wieder, wie weise die Talmudisten waren. Wäre der einzige Zweck des Liebemachens »seid fruchtbar und mehret euch«, dann hätte, da die Weisen immer sehr präzise waren, die Mischna Ketubbot gesagt: Bleibe zu Hause, bis deine Frau schwanger ist. Aber das sagt sie nicht. Der Rat lautet vielmehr: Bleibe *ein ganzes Jahr lang* zu Hause. Sicherlich wollten die Weisen, daß Ehemann und Ehefrau sich kennenlernen. Denn einander kennenzulernen ist der Schlüssel zu *Schalom bajit*, Hausfrieden, die Grundlage zum Aufbau einer guten Ehe.

Der Talmudtraktat über den Ehevertrag sagt, daß der Gerechte in jeder Freitagnacht, am Sabbat, Liebe machen muß. Doch die Weisen setzen sofort hinzu, wenn unser gerechter Talmudkenner am Sonntag, Montag, Dienstag, Mittwoch, Donnerstag oder Samstag guten Sex haben will, dann soll er oder sie es einfach tun. Aber nur, wenn sie Sex mit der Absicht haben, ihm die romantische, mystische Einzigartigkeit des Sabbat zu verleihen. Schließlich, sagt Rabbi Menachem Schneerson, der Lubawitscher Rebbe, »erhalten alle Wochentage vom Ṣabbat ihren Segen«.

Rabbi Yitzchak Ginsburgh schreibt in einem Pamphlet, das mit der Druckerlaubnis des Lubawitscher Rebbe veröffentlicht wurde, genau wie Ramban in *Igeret Hakodesch*, daß ein junger jüdischer Mann die Geheimnisse von gutem Sabbatsex durch das Studium von Jesaja lernen könne. Ginsburgh erklärt, der Sex sei dann heilig, wenn er mit der Absicht ausgeführt wird, eine Seele in die Welt zu bringen, denn es heißt im Sohar: »Alle Juden sind Könige«. Wie werden nun Könige in die Welt gebracht? Wir lesen in Jesaja, daß jüdische Könige in einem langsam fließenden Fluß außerhalb Jerusalems gesalbt wurden. Ginsburgh lehrt, daß beim Liebesakt »der Ehemann geduldig sein muß« wie dieser langsam fließende Fluß, »er muß sich dem Tempo seiner Frau anpassen und auf ihren Höhepunkt warten, bevor er seinen hat. Wenn er seine eigene Erregung liebevoll kontrolliert, dann vergeistigt er den physischen Geschlechtsakt.«

Die traditionelle jüdische Zurückhaltung paßt zu den meisten einfachen Sätzen der Bibel. Doch wenn ein einziger Vers in Jesaja über einen langsam fließenden Fluß von den chassidischen Rabbis dazu benutzt wird, Ratschläge über guten Sex zu geben, kann man sich vorstellen, welche Sextips sich in den deutlicheren Versen finden.

Die Sonne senkt sich über den Sabbat. Ein letztes Mahl wird aufgetragen, aber die Lieder sind jetzt besinnlicher, beinahe melancholisch über das Kommen der gewöhnlichen Tage. In einem Lied heißt es: »Wer sich sehnt, die Glut zu sehen, Teil der Vereinigung mit den vielflügeligen Engeln zu sein, der juble jetzt, da es keinen Zorn gibt. Komm zu mir, fühle meine Stärke, denn es gibt keine harten Urteile.«

Wenn der Sabbat mit dem Segen über die verschlungene Kerze, das Licht des Feuers und das Einatmen »der verschiedenen Gewürze« des Lebens endet, können wir verstehen, warum manche Juden sagen, sie lebten von Sabbat zu Sabbat. Manche mystisch gestimmten Weisen schreiben sogar die Beliebtheit der Samstagnacht, als *der* Nacht der Woche, in der man mit dem/der Geliebten ausgeht, der sexuellen Energie zu, die mit dem Ende des Sabbat und dem Segen über Kerzen, Feuer und Gewürze in die Welt freigesetzt wird.

Wer könnte das in einer Welt voller Mysterien verneinen.

Sexträume

Träume, des Nachts oder als Tagträume, sind für den Sex ebenso wichtig wie Training für einen Sportler, wie Gewichtheben
für einen Bodybuilder. Die Einbildungskraft muß extrem entwickelt werden. Beim Sex muß das Gehirn der aktivste Muskel sein, strotzend vor Ideen und Kreativität.

In meiner Kindheit in Frankfurt waren die Feiertage eine
Zeit, unsere Vorstellungskraft zu erweitern. An den heiligsten
jüdischen Tagen gaben die Kohanim (Männer, die von Aaron
und den Priestern des Jerusalemer Tempels abstammen) der
Gemeinde einen besonderen Segen. Die Kohanim standen
ohne Schuhe auf dem Podest vor unserer Synagoge. Mit wollenen Gebetsschals hatten sie ihren Kopf und die ausgestreckten Hände bedeckt und sahen überirdisch aus, wie die heiligsten der Geister.

Es galt als schlimmes Fehlbetragen für ein kleines Mädchen, wenn sie die Chuzpe hatte und auf die Kohanim blickte, während die den Segen erteilten, und wie alle anderen Kinder verbarg auch ich mich unter dem Gebetsschal meines Vaters oder Großvaters (wenn ich auch zugeben muß, daß ich
von Zeit zu Zeit vorsichtig darunter hervorspähte).

Während die Kohanim den Priestersegen im Wechsel mit
eingängigen Melodien rezitierten, sprach die Gemeinde für sich
ein wichtiges Gebet; ein Gebet nicht um finanziellen, politi-

schen oder sozialen Erfolg, sondern ein Gebet, daß unsere Träume erhöht und unser Unbewußtes gereinigt werden möge. Die Verfasser der Liturgie geben den Rat, man solle doch dann, wenn die Tore des Himmels weit offen stehen und man einen Augenblick Zeit hat, ein Gebet zu sprechen, für seine Träume beten.

Man stelle sich vor, folgende Worte würden zu einer wortlosen Melodie der Kohanim gesprochen werden:

»Herr der Welt, ich bin Dein und meine Träume sind Dein. Ich hatte einen Traum und ich weiß nicht, was er bedeutet. Möge es Dein Wille sein, daß alle meine Träume über mich und über ganz Israel gute Träume seien, Träume, die ich über mich, über andere und solche, die andere über mich geträumt haben … Wenn meine Träume gute Träume sind, stärke sie wie die Träume von Joseph. … Wenn sie der Heilung bedürfen, heile sie wie Miriam, die Prophetin, von ihrer *zara'as* [eine Hautkrankheit].«

Hier ist eine Bemerkung über die Geschichten von Joseph und Miriam angebracht. Joseph deutete die Träume des Pharao, als er im Gefängnis war – eigentlich wegen seines »Verbrechens«, mit Potiphars Frau keinen Sex gehabt zu haben, die versucht hatte, ihn zu verführen und sich rächen wollte, nachdem er sie zurückgewiesen hatte. Dagegen war bei Miriam, als sie mit den Israeliten durch die Wüste wanderte, sozusagen der Körper im Gefängnis, denn sie hatte die Krankheit *zara'as* für ihre Spekulationen und Fragen bekommen, wie oft Moses Geschlechtsverkehr mit seiner Frau habe. Das ging Miriam nichts an, und deshalb wurde sie mit Aussatz geschlagen.

Da die Rabbis wußten, daß Sexualität ein wichtiger Bestandteil aller Träume, der Tagträume oder der Nachtträume, ist, versuchten sie Gold aus Stroh zu spinnen und die Träume, die auf den ersten Blick verwirrend erscheinen, in etwas Besseres zu verwandeln.

In Jerusalem soll es in alten Zeiten 24 Orte für die Deutung von Träumen gegeben haben. Natürlich, sagt der Talmud, wurde an jedem Ort eine andere Deutung gegeben, aber alle Deutungen gingen in Erfüllung, denn »jeder Traum steht in Einklang mit seiner Deutung«.

Rabbi Chisda sagte: »Jeder Traum ist gut, außer der vom Fasten. ... Bei einem schlechten Traum reicht die Sorge, um ihn zu vertreiben. Bei einem guten Traum reicht die Freude, aber kein Traum geht völlig in Erfüllung.«

Und kein Traum blieb völlig unbeachtet. Die Rabbis, die das Paradies und die Prophetie sehr ernst nahmen, lehrten, wie der Geschlechtsverkehr ein Sechzigstel des Paradieses ist, so ist der Traum ein Sechzigstel der Prophetie. Im Midrasch Rabba heißt es: »Der Traum ist die unreife Frucht der Prophetie.« Es stellt sich deshalb die Frage: Wie können wir unsere Träume in die Wirklichkeit oder sogar in Prophetie umsetzen?

Der Talmudtraktat Berachot bricht eine Lanze für die Sextherapie, wenn er sagt, nach einem angsterregenden Traum solle man hingehen und ihn »ins Gute kehren« lassen. Mit anderen Worten, der Träumer sollte zu einem Vertrauten gehen und sein Unbewußtes und seine Phantasien mit jemandem durcharbeiten, der das versteht, was der Träumer nicht verstehen kann.

Nach der talmudischen Formel sollte der Träumer mit drei Freunden sprechen, dem Mindestquorum für einen Gerichtshof, der ein Urteil sprechen kann, die dann mit der Frage anfangen sollen: »Sind Deutungen nicht Gottes Sache? Erzähle ihn mir, wenn du willst.«

Egal wie der Traum war, soll der Träumer antworten: »Ich hatte einen guten Traum.«

Die Antwort der Therapeuten: »Du hattest einen guten Traum. Er ist gut und soll gut werden. Möge der Barmherzige ihn in das Gute kehren. Möge er siebenmal vom Himmel gesegnet werden, damit er gut wird und immer gut sei.«

Anschließend dankt der Träumer den Therapeuten: »Ihr habt mein Klagen für mich in Tanzen verwandelt«, und die Therapeuten antworten mit einem sozialen Segen: »Dann werden die Mädchen im Tanz frohlocken, die jungen Männer und die alten zusammen.«

Dann darf der Träumer sagen: »Gott, ich hörte, was du mich hast hören lassen, und ich fürchtete mich.« Die Therapeuten/Freunde müssen mit Trost und Ermunterung reagieren: »Geh mit Freude, iß dein Brot und trink deinen Wein mit frohem Herzen, denn Gott hat deine Taten bereits gutgeheißen. Und Reue, Gebet und Mildtätigkeit heben das Dekret auf.«

Phantasie und Tagträume wurden gefördert, wenn auch innerhalb gewisser Grenzen. Wenn ein Mann zum Beispiel davon träumt, Sex mit einer verheirateten Frau zu haben, dann kann dem Träumer, sagt der Talmud, immer noch ein Platz im Paradies sicher sein, aber nur, wenn er die Frau nicht schon kennt und nicht schon vorher über ihre sexuellen Reize nachgedacht hat.

Die Weisen wollten natürlich nicht zum Ehebruch ermuntern, doch behandeln sie überraschend lange und verständnisvoll die Sehnsucht des Träumers nach einer verheirateten Frau. Wenn der Geschlechtsverkehr ein Sechzigstel des Paradieses ist, sagen sie, »wieviel mehr dann mit einer verheirateten Frau, [denn] ›Gestohlene Wasser sind süßer‹ [Proverbien 9, 17]. Außerdem gewinnt der Träumer nicht nur seinen Anteil des Paradieses, sondern auch den Anteil eines anderen, denn so ist es bei einer verheirateten Frau der Fall, die auch zu einem anderen gehört.«

Es gibt eine Geschichte über die Macht der Therapie. Einmal kam eine Frau zu Rabbi Elieser und sagte, sie habe geträumt, das Dach ihres Hauses stürze ein. Der Rabbi sagte:

»Gehe nach Hause, du wirst einen Sohn haben.« Mit anderen Worten, gehe nach Hause, mache Liebe mit deinem Ehemann, laß ihn dich befriedigen. (Wir haben bereits erfahren, daß ein Mann, der seine Frau zum Orgasmus bringt, bevor er selbst einen hat, mit der Geburt eines Sohnes belohnt wird.)

Sie ging nach Hause, sie bekam einen Sohn. Dann hatte die Frau wieder den Traum, ihr Haus würde einstürzen. Rabbi Elieser wiederholte seinen Rat: »Gehe nach Hause, habe Sex, bekomme ein Kind.« Sie ging nach Hause und gebar nach Ablauf eines Jahres einen zweiten Sohn. Die Frau hatte den Traum ein drittes Mal. Dieses Mal konnte sie Rabbi Elieser nicht erreichen.

Die Frau war allein in der Jeschiwa, sie weinte über ihren wiederkehrenden Traum vor den Rabbinerschülern, die natürlich viel jünger als Rabbi Elieser und in die hohe Kunst der jüdischen Sextherapie und Traumdeutung noch nicht eingeweiht waren. Die Rabbinerschüler ließen sich den Traum erzählen und sagten ihr: »Das Dach deines Hauses ist eine Metapher für deinen Ehemann. Er wird zusammenbrechen, und du wirst ihn begraben.« Rabbi Elieser kehrte in den Studiersaal zurück. Als er hörte, was geschehen war, klagte er vor den angehenden Rabbinern: »Ihr habt einen unschuldigen Mann getötet.«

Er lehrte sie den Vers aus der Tora: »Es geschah, als er es für uns deutete.« Mit anderen Worten: Eine Deutung kann radikal auf eine Situation einwirken – und entweder in gutem Sex und einer großen Familie oder in einer Tragödie enden; derart entgegengesetzt sind die Möglichkeiten. Als Rabbi Elieser der Frau sagte, sie solle nach Hause gehen und ein Kind machen, schuf er im Denken und im Haus der Frau eine lebensbejahende Umgebung, Mißgeschick wurde in einen Segen und in Glück verwandelt.

Diese Geschichte illustriert auch, wie wichtig es ist, den richtigen Sextherapeuten zu finden. Aus derselben Grundinformation kann der eine zu einem Gespräch über Sex und Babies kommen, während ein anderer von Natur aus alles wörtlich nimmt und überhaupt nicht erotisch ist – und doch können beide Deutungen eintreffen.

Bei Judentum und Sexualität sollte man immer daran denken, daß die meisten Verweise auf Sex Metaphern für Spiritualität und heilige intellektuelle Tätigkeit sind. Doch manche Verweise auf jüdische intellektuelle Tätigkeit sind auch eine Metapher für Sex.

Manchmal benutzten die Rabbis diesen Gedankengang, um eine Sextherapie bei jemandem einzuleiten, der Inzestphantasien hat. Sie führten den Patienten zu einer annehmbaren Form des sexuellen Ausdrucks und arbeiteten zugleich daran, dem Betreffenden ein größeres Selbstbewußtsein zu geben, indem sie seine Krankheit in eine spirituelle Lernerfahrung umwandelten. Wenn ein Mann zum Beispiel davon träumt, er habe Sex mit seiner Mutter, wird ihm gesagt, dies könne außer der offensichtlichen ödipalen Fehlfunktion ein Zeichen dafür sein, daß er sich aktiv mit dem Torastudium befassen solle. Denn schließlich steht im Buch der Sprüche geschrieben: »Vergiß nicht die Tora deiner Mutter«, und die Tora wird oft mit einer Frau, einer Königin, einer Mutter verglichen. Auch der Traum vom Sex mit einer Schwester konnte den Erwerb von Weisheit bedeuten, denn es ist geschrieben: »Sage zur Weisheit, du bist meine Schwester, und nenne Verständnis deinen nächsten Verwandten, damit sie dich von der unmoralischen Frau fernhalten, der Verführerin, die dir mit ihren Worten schmeichelt.« Träume werden also dadurch gedeutet, daß ihre Bilder mit Bibelabschnitten in Verbindung gebracht werden, die dieselben Wörter und Verweise enthalten.

Wenn man einem religiösen Menschen einen Rat gibt, sagten die Weisen, dann sollte man nicht nur einfach einen Verband anlegen, sondern dem Betreffenden helfen, die Macht des Geistes, sich selbst zu heilen, zur Wirkung zu bringen, indem man den religiösen Patienten lehrt, daß Sexualität nicht nur gesund ist, sondern auch den kostbarsten Dingen im Judentum vergleichbar: Tora und Weisheit. Das befreit den religiösen Patienten von unproduktiver, nicht therapierbarer Schuld.

In der rabbinischen Debatte über die Frage, ob das hochromantische Hohelied in den biblischen Kanon aufgenommen werden sollte, wird besonders anschaulich, wie das Judentum versucht, das Intellektuelle und das Erotische zu verschränken. Die Rabbis deuteten die sexuellen Sätze so, als bezögen sie sich auf die Beziehung zwischen Gott und Israel, die an anderer Stelle mit der Beziehung zwischen Ehemann und Ehefrau verglichen wird. Wenn im Hohelied also geschrieben steht, ein junges Mädchen habe keine Brüste, dann soll sich das auf die Israeliten beziehen, bevor ihnen die zwei Tafeln – die zwei Brüste – der Zehn Gebote gegeben wurden. Die zwei Tafeln sollen die Kinder Israels spirituell genährt und der neuen Nation das gegeben haben, was sie zum Überleben brauchte. Wenn ein Mann davon träumte, aus den Brüsten einer Frau käme Feuer, dann wurde er auf das Studium des Hoheliedes verwiesen, und, da die Brüste nicht die seiner Frau waren, auch auf das siebte Gebot, das vor Ehebruch warnt.

Eine chassidische Legende erzählt von einem Mann, der nur ein einziges Buch hatte, den Talmudtraktat Chagiga (»Fest«), der von den besonderen Opfern handelt, die in der Zeit zum Tempel gebracht wurden, als das Opfer ein wesentlicher Bestandteil der sich entwickelnden tiefen Nähe zwischen Gott und dem jüdischen Volk waren.

So verbrachte also unser armer, lieber Chassid sein ganzes Leben damit, diesen einzigen Traktat auswendig zu lernen, und schließlich nahm Chagiga, sei es in einem Tagtraum, einer spirituellen Halluzination oder Vision, die Gestalt einer Frau an, die ihn beschützte, als er alt wurde. Nach seinem Tod soll sie vor ihm hergegangen sein und ihn in das Paradies geführt haben.

Die Umwandlung von heiligen Texten in ein erotisches Liebesobjekt ist das rabbinische Rezept für ein gesundes Sexleben und ein gesundes spirituelles Leben. In unserem Verständnis von Sex sollte es immer auch viel Himmlisches geben und viel Sex in unserem Verständnis vom Himmlischen. Die physischen und spirituellen Manifestationen des Lebens sind nicht wie in manchen anderen religiösen Traditionen getrennt, sondern sind untrennbar, ein Kontinuum.

Der Baal Schem Tow, der Begründer der chassidischen Bewegung, hatte eine Lieblingsgeschichte. Sie handelt von der Zeit, da Elia der Prophet über einen geschäftigen Marktplatz in einem Schtetl ging. Elia wurde von dem Rabbiner des Ortes erkannt. Der Rabbi fragte Elia, ob hier irgendeiner einen Platz in der zukünftigen Welt haben würde. Elia deutete auf zwei Brüder, die vorbeigingen. »Diese beiden«, sagte Elia.

Der Rabbi fragte die Jungen, was sie täten. »Wir sind Possenreißer«, sagten sie. »Wenn jemand traurig ist, versuchen wir, ihn aufzuheitern. Wenn wir Leute streiten sehen, versuchen wir, Frieden zu machen.«

Gershom Scholem, der große Gelehrte der jüdischen Mystik, erklärte die Geschichte so: »Diese Possenreißer sind gerechte Männer nach dem Herzen des Baal Schem Tow: Sie sitzen nicht zu Hause und grübeln über ihre eigene Erlösung, sondern arbeiten auf dem dreckigen, geschäftigen Marktplatz, wie es auch der Baal Schem Tow liebte. Wie stark ihre Gemeinschaft mit Gott war, erweist sich an ihrer Fähigkeit, die grobe Materie zu durchdringen und sie auf die Höhe der Spiritualität zu heben.« So kann auch die niedrigste und alltäglichste Tätigkeit das Potential zu Heiligkeit und der höchsten transzendentalen Leistung enthalten.

Manche halten Sex für etwas Grobes, oder schlimmer, für Routine. Doch der jüdische Therapeut weiß, daß Sex ein Stück vom Paradies ist, ein Vorgeschmack der zukünftigen Welt im Hier und Jetzt. Wie auch Elia lehrt, es gibt keine Therapie ohne Lachen; es gibt kein Paradies, keinen Sex, solange jemand traurig bleibt, solange es Streit gibt. Wenn wir andere aufheitern können, wenn wir sie dem Paradies näherbringen können, dann tun wir Gottes Werk, sagt Elia.

Und das, sagt die Tradition, ist die in jedem jüdischen Traum verborgene Botschaft.

Mikwe

Eine Frau taucht nackt aus dem Meer auf. Im Mondlicht, am Strand, umarmt sie ihr Mann, wickelt ein Handtuch um sie, und sie schlafen miteinander. Zwölf Tage lang hatten sie sich nur sehen und sprechen, aber nicht berühren können. Nun da ihre Leidenschaften losgelassen wurden, konnten sie sich, einander – und Gott – befriedigen.

Gott? Ja. Das hohe Dreierspiel für großen Sex, sagt diese Tradition. Gott, der die Enthaltsamkeit gebot und Urheber der Idee ist, daß die Frau nach einem Menstruationszyklus im Schutz der Nacht in das Wasser steigen und eintauchen soll, bevor das Paar sich wieder vereinigen kann.

Es heißt, wenn man hört, wie ein Gefangener unter seiner Zelle mit einer Schaufel hantiert, weiß man, daß er einen Tunnel gräbt, um in die Freiheit zu entkommen. Aber es gab Zeiten während des Holocaust, dem Kommunismus und anderen Epochen des Antisemitismus, in denen Juden, die nirgendwohin entkommen konnten, doch unter ihrem Heim schaufelten, um eine Art spirituelles Entkommen aufzubauen: eine Mikwe. Selbst in Massada, wo die Juden bis zum letzten Mann, Frau und Kind kämpften, stellten Archäologen fest, daß die Verteidiger sich die Zeit genommen hatten, zwei Mikwen in der Festung zu bauen, eine für die Frauen und eine für die Männer.

Nach rabbinischer Lehre braucht eine Stadt als erstes eine Mikwe, noch bevor sie eine Synagoge braucht. Aber was ist eine Mikwe? In den meisten jüdischen Gemeinden sieht die Mikwe wie ein Miniaturswimmingpool aus, mit Platz für zwei oder drei Leute und einer Wassertiefe, die zum Untertauchen ausreicht. Oft führen Treppen in das Wasser, und in einer künstlichen Mikwe gibt es immer ein kleines Loch, das ein (mit normalem Leitungswasser gefülltes) Becken mit einem kleineren Becken verbindet, in dem sich auf natürliche Weise Regen- und Schmelzwasser sammelt.

Die natürliche Mikwe, deren Flüssigkeit ausschließlich Wasser ist, muß in den Boden gebaut und darf nicht verrückbar sein, ausgenommen freistehende Wannen oder Fässer. Das Wasser muß aus einer natürlichen Quelle oder einem von einer Quelle gespeisten Fluß kommen. Bei einer künstlichen Mikwe darf das Wasser nicht durch Röhren aus Ton, Holz oder Metall fließen. Und die Mikwe muß mindestens 40 *sa'ah* Wasser enthalten, etwa 750 Liter. Einige Rabbiner sagten, es sei ein Maßstab für die Reinigung, etwas mit dem Doppel seines Volumens zu verdünnen, und ein menschlicher Körper verdrängt im allgemeinen 350 Liter oder weniger.

Was hat das mit Sex zu tun? Alles. Die Tora sagt in Leviticus, »wenn eine Frau den Fluß hat, Blut ihr Fluß an ihrem Körper ist, so soll sie sieben Tage *nidda* sein«, nachdem der Blutfluß aufgehört hat. In dieser Zeit darf sie ihren Ehemann nicht einmal berühren, ohne daß sie in einer Mikwe untergetaucht ist. Dies bedeutet, daß Liebende mindestens zwölf Tage im Monat ohne Sex auskommen müssen, fünf Tage, die mit dem Menstruationsfluß beginnen und mindestens sieben Tage danach. Religiöse Paare schlafen in dieser Zeit in getrennten Betten.

Der Status einer *nidda*, – eine, die entfernt oder abgesondert ist – ist etwas sehr Schwerwiegendes. Der Prophet Ezechiel setzt das Berühren einer *nidda* mit Ehebruch gleich, auch wenn die *nidda* die eigene Frau ist. Und in Leviticus heißt es: »Wenn ein Mann einer Frau beiliegt, die *nidda* ist, und er ihre Blöße aufdeckt, ... so sollen beide aus ihrem Volk ausgestoßen werden.«

Manche fragten: »Warum muß eine jüdische Frau in die Mikwe gehen, um sauber zu werden?« Aber sauber werden hat damit nichts zu tun. Eine Frau kann in dem Becken nur eintauchen, wenn sie peinlich sauber ist – ihre Fingernägel dürfen zum Beispiel nicht einmal Reste von Nagellack aufweisen, wenn sie eintaucht. Es gibt üblicherweise eine Frau, die als Mikwewärterin fungiert, deren Aufgabe es ist, den Frauen zu helfen und zu bezeugen, daß jede Frau absolut sauber ist und richtig eintaucht.

Frauen gehen aus Schicklichkeit nur im Schutz der Nacht in die Mikwe. Um der Schicklichkeit Genüge zu tun, errichten manche Gemeinden, bei denen es mehrere Mikwen unter einem Dach gibt, das Gebäude mit etwa 50 einzelnen Umkleideräumen, deren Türen sich zur Mikwe öffnen, so daß noch nicht einmal die anderen Frauen sehen, wer außerdem in dieser Nacht zur Mikwe kam.

Anhänger der Mikwe sagen, daß bei einem Paar, das sich nach diesen zwölf Tagen des Nichtberührens wieder vereinigt, die Ehe erneuert wird. Viele orthodoxe Juden sprechen davon als von immer wiederkehrenden zweiten Flitterwochen. Aryeh Kaplan, dessen *Waters of Eden: The Mystery of the Mikvah* ein umfassender Essay zu diesem Thema ist, umschreibt die vermutlichen Überlegungen des Talmud: »Anders als viele Paare, deren Sexleben nach einer Reihe von Jahren dröge und abgestumpft wird, erfahren ein Ehemann und eine Frau, die die Regeln der *nidda* einhalten, eine beständige Wiederbelebung.«

Obgleich die Regeln für Mikwe und *nidda* fast immer in

bezug auf Ehemann und Ehefrau formuliert werden, regulieren die Gesetze doch in gleicher Weise die sexuellen Möglichkeiten einer unverheirateten Frau, die ihre Periode hat. Es ist in modernen orthodoxen Kreisen nicht ungewöhnlich für unverheiratete, sexuell aktive Frauen, einmal im Monat zur Mikwe zu gehen, auch wenn diejenigen, die das tun, oft falsche Angaben über ihren Familienstand machen, da sonst die Mikwewärterin die junge Dame wegen ihres vorehelichen Sex scheel ansehen könnte.

Auch wenn es nicht so bekannt ist, wurde eine Mikwe traditionell für wichtiger erachtet als eine Synagoge oder irgendeine andere Einrichtung der Gemeinde. Gebetsgottesdienste können zum Beispiel auch unter der Sonne oder den Sternen abgehalten werden, aber wenn eine Gemeinde nicht eine natürliche Mikwe in der Nähe hat, ist es unbedingt nötig, daß eine Mikwe errichtet wird, und zwar unverzüglich, damit die Paare in einer neu errichteten Gemeinde sexuelle Beziehungen schon im ersten Monat haben können.

Die Mikwe wird nicht nur von Frauen benutzt. Auch Männer benutzen eine Mikwe, gewöhnlich eine separate Einrichtung, für die spirituelle Reinigung. Eine der berühmtesten und besonders empfohlenen Mikwen der Welt, die Mikwe des Ari in Israel wird nur von Männern benutzt. Diese Mikwe ist ein natürliches, in den Felsen eingeschnittenes Wasserloch in einer Höhle am Fuß eines Berges in der mystischen Stadt Safed. Hier wachte Rabbi Isaak Luria, bekannt als der Ari [Löwe] über die ersten Jahre des Studiums und der Entdeckung der Kabbala im 16. Jahrhundert. Eine Bergquelle füllt die Mikwe mit besonders eisigem Wasser, das den Badenden eine körperliche wie spirituelle Erfrischung spüren läßt. Diese Mikwe im Felsen hat nur die kargsten Vorräume, eine Reihe von Kleiderhaken an den Höhlenwänden und ein paar hölzerne Bänke.

Die meisten anderen Mikwen jedoch, vor allem die, die von Frauen benutzt werden, sind so luxuriös, modern und gepflegt wie ein Seebad, mit gut ausgestatteten Umkleide- und Vorbereitungsräumen, entsprechend der Achtung der religiösen Gemeinde für die Mikwe als einer heiligen Erfahrung wie als einem Ort, an dem Frauen sich auf den Sex nach der Eintauchung vorbereiten.

Religiöse Männer benutzen die Mikwe traditionell während des Tages, manchmal an jedem Tag, besonders vor dem Sabbat und den Feiertagen, wie auch am Morgen nach einem nächtlichen Samenerguß. Abgesehen von diesen Begebenheiten, gibt es keine Gesetze, die das Eintauchen der Männer mit Sex verbinden.

Die Mikwe wird auch als Reinigungsbrunnen benutzt, der den Status eines Objektes oder einer Person verändern kann. Manche Juden tauchen neues Geschirr und Besteck ein, bevor sie es in einer koscheren Küche benutzen. In der Bibel gingen Aaron und seine Söhne, »um in den Wassern zu baden« – einer Mikwe – bevor sie ihre Priesterpflichten übernahmen. Und ein Konvertit muß zum Abschluß des Konversionsverfahrens zur Mikwe gehen.

Die Rabbis sagen, ein Konvertit ist wie ein neugeborenes Kind. Und die Mikwe soll der Geburtserfahrung ähneln, wo eine neue Seele im wässrigen Mutterleib am Leben gehalten wird, bevor sie als eine neue Person in der Welt auftaucht. Wie das Baby in einem Zustand der spirituellen Reinheit die Welt betritt, so können auch ein Mann oder eine Frau ihre Spiritualität auffrischen, um mit jedem Gang zur Mikwe das Leben neu zu beginnen.

Wasser ist im Judentum eines der wunderbarsten Dinge. Man sagt, es sei die Wiederverbindung einer Person mit dem Garten Eden. Der Talmud sagt, jedes Wasser hat seinen Ursprung in den in Genesis erwähnten Flüssen. Wasser war nach der Bibel das einzige, was es schon vor der Schöpfung gab. Die Bibel sagt: Gott »schied die Wasser voneinander« und schuf so den Himmel und die Meere, aber Wasser war immer da.

Am Nachmittag von Rosch Ha-Schana, dem jüdischen Neujahrsfest, gingen die Juden an einen Fluß, einen See, eine Quelle oder ans Meer, um ihre Sünden symbolisch in das reinigende Wasser zu werfen. Zu Noahs Zeit schuf Gott mit Regenwasser die Flut, um die Erde in einer planetengroßen Mikwe von ihrer sexuellen Verderbnis zu reinigen.

Die 40 *sa'ah* Wasser in der Mikwe spielen nicht nur auf die Große Flut an, als es 40 Tage und Nächte regnete, sondern auch auf andere Fälle, die die 40 mit dem Reinigungsprozeß in Zusammenhang bringen. Moses war 40 Tage lang auf dem Berg Sinai, und die Israeliten verbrachten 40 Jahre in der Wüste. Die Bibel und der Talmud enthalten noch viele andere Hinweise auf die 40 als eine transzendente Zahl. Die von Moses nach Kanaan ausgesandten Kundschafter brauchten bis zu ihrer Rückkehr 40 Tage. Nach der jüdischen Tradition braucht ein Embryo 40 Tage bis er menschliche Gestalt angenommen hat. Eine Frau, die gebärt, wird nach der Geburt eines Sohnes sieben Tage und nach der Geburt einer Tochter 33 Tage oder insgesamt 40 Tage, rituell ausgeschlossen. Die meisten biblischen Hinweise auf die 40 haben mit Geburt oder Wiedergeburt zu tun.

Kaplan erzählt, die Mischna habe deshalb vermutet, daß die Flut 40 Tage lang dauerte, weil die Menschen in Noahs Generation »den Embryo verdarben, der in 40 Tagen gebildet wird.« Kaplan fügt hinzu, daß der Sohar auf ähnliche Weise begründet, warum diese Generation durch Wasser bestraft wurde.

»Die Scheidung der Wasser [in der Schöpfungsgeschichte] stellt den ursprünglichen Sexualitätsbegriff in der Schöpfung dar, mit den oberen Wassern als dem männlichen und den unteren Wassern als dem weiblichen Element. Die Generation der Sintflut pervertierte dieses Grundkonzept der Sexualität [durch Homosexualität und Geschlechtsverkehr mit Tieren], und deshalb kamen die oberen und die unteren Wasser zusammen, um sie zu bestrafen. Die Tora sagt daher: ›Die Brunnen der großen Tiefe taten sich auf, und die Fenster des Himmels wurden geöffnet.‹ Derselbe Begriff wird auf die Mikwe angewandt, die aus Regenwasser und Quellwasser bestehen kann.«

Der Prozeß der Geburt, das Mysterium der Menstruation und die Gelegenheit zu Wiedergeburt und sexueller Verjüngung sind alle im Gang zur Mikwe enthalten.

Aber Realität und Psychologie können sich manchmal störend bemerkbar machen. Was in der Nacht, wenn die Frau von der Mikwe nach Hause kommt, geschieht, kann herrlich oder katastrophal sein. Manchmal treibt der *Druck*, daß es in dieser Nacht Sex geben muß, den Mann zu einer vorzeitigen Ejakulation oder zur Impotenz. Es ist vielfach belegt, daß Angst einen erheblichen Anteil an Impotenz haben kann.

Doch die Rabbis wußten, daß ein Mann nach zwölf Tagen sexueller Abstinenz, die eine intensivierende Wirkung hat, besonders erregbar ist. Vorzeitige Ejakulation kann leicht behoben werden. Wenn sie aber nicht behoben wird, erlangt die Frau keine sexuelle Befriedigung und entwickelt nach einiger Zeit ein Vermeidungsverhalten – entweder gegenüber der Mikwe oder dem Sex oder beidem.

Manchmal ejakuliert der Mann zu früh, weil er in seiner Angst und Aufregung die entsprechenden Empfindungen nicht erkennen kann – die Zeit vor dem point of no return.

Andere Männer sorgen sich vielleicht: Werde ich eine Erektion haben können? Und diese Sorge reicht schon, daß die Erektion ausbleibt. Auch das ist ein Teufelskreis. Er sagt sich: »Was mir heute ábend passierte, wird mir auch morgen passieren«, und dann steckt er in der Klemme. Es wird wieder passieren. Manchmal ist ein junges religiöses Paar naiv und unerfahren, und dann kann die Frau ihrem Mann weder physisch noch emotional helfen. Wie bei so vielen Aspekten der Sexualität: Was für den einen eine erotische Wiedergeburt ist, ist für den anderen ein Schrecken. Das erfahrene religiöse Paar lernt, die Zeit der Abstinenz und Wiedervereinigung genauso für sich arbeiten zu lassen, wie sie auf wundersame Weise für Gott arbeitet.

In traditionellen Kreisen hatte die Mikwe eine so große Bedeutung, daß König David, als er seine unerlaubte Beziehung mit Batseba vollziehen wollte, sich mehr Sorgen darüber machte, ob sie in der Mikwe gewesen ist, als darüber, daß sie eine verheiratete Frau war: »Sie kam zu ihm und er lag ihr bei, denn sie war von ihrer Unreinheit gereinigt [in der Mikwe nach ihrer Menstruationszeit], und sie kehrte in ihr Haus zurück.«

Batseba wurde nach dieser ersten Vereinigung mit David schwanger und bestätigt damit, wie weise diese Regelung ist, die Frauen bis zur fruchtbarsten Zeit des Monats warten zu lassen.

David schickte Uria, Batsebas Ehemann, an die vorderste Kampflinie, und Uria starb. Batseba und David heirateten. »Und was David getan hatte, war böse in den Augen des Herrn. Da sandte der Herr den Propheten Natan zu David.« Und Natan erzählte David diese Geschichte:

Es waren zwei Männer in einer Stadt: der eine reich, der andere arm. Der reiche Mann hatte eine Schafherde, der arme Mann ein einziges Schaf, das er gekauft und aufgezogen hatte. Das Schaf wuchs bei ihm und seinen Kindern auf und war ihm wie eine Tochter.

Ein Besucher kam zu dem reichen Mann, der seine eigene Herde verschonte, aber für sein Mahl das Schaf des armen Mannes nahm. Und David ergrimmte gegen den Mann und er sagte zu Natan: »So wahr der Herr lebt, der Mann, der dies getan hat, verdient den Tod. Er muß das Lamm vierfach zurückgeben, weil er dies getan und kein Mitleid gehabt hat.« Da sagte Natan zu David: »Du bist dieser Mann.« Als Strafe und zur Rache für Uria sagte Gott:

»Nun denn, so soll das Schwert von deinem Haus nicht weichen, dafür daß du mich mißachtet und das Weib Urias, des Hethiters, als Frau genommen hast. Siehe ich werde wider dich Unheil erstehen lassen aus deinem Haus und werde deine Weiber vor deinen Augen wegnehmen und deinem Nachbarn geben, daß er deinen Weibern beiliege angesichts dieser Sonne. Denn du hast es im Geheimen getan, ich aber werde dies tun vor ganz Israel und im Angesicht der Sonne.«

Und David sagte zu Natan: »Ich habe vor dem Herrn gesündigt.« Der Prophet sagte zu dem König: »Der Herr hat deine Sünde beseitigt, du wirst nicht sterben. Aber weil du mit dieser Tat den Herrn gelästert hast, wird das Kind, das dir geboren wird, sterben.«

Das Kind wurde krank. David fastete. Er betete »und lag die ganze Nacht auf dem Boden«. Am siebten Tag starb das Kind. Die Diener fürchteten sich, es David zu melden. Er sah sie flüstern und verstand. Er fragte: »Ist das Kind tot?« Sie antworteten: »Ja.«

David erhob sich vom Boden, wusch sich und wechselte seine Kleider, dann ging er in das Haus des Herrn und warf sich nieder und kam dann wieder in sein Haus. Und er verlangte, daß man ihm Brot vorsetze. Der König erklärte: »Solange das Kind noch lebte, fastete ich und weinte, denn ich dachte: Wer weiß, vielleicht gibt Gott mir Gnade, und das Kind bleibt am Leben. Jetzt aber, da es tot ist, wozu sollte ich fasten? Kann ich es wieder zurückbringen?«

David tröstete Batseba »und ging zu ihr ein, und lag ihr bei, und sie gebar einen Sohn, und er nannte ihn Salomo.«

Die Geschichte schildert Gottes Zorn gegen den Mißbrauch von Sex und Macht, und auch seine Vergebung. Die Weisen, die nach tieferem Verstehen suchten, vermuten, daß die Vergebung um Batsebas willen war, denn sie war zur Mikwe gegangen und hatte in einer unreinen Welt, in unreinen Umständen versucht, sich selbst spirituell zu reinigen. War sie scheinheilig? Ja, aber was soll's? sagen die Weisen. Wenn einer ein Sünder ist oder eine Neigung zu unrichtigem Verhalten hat, dann sollte der Patient, schlagen die Rabbi-Therapeuten vor, den Schaden begrenzen und das Gute erkennen. Unreinheit erzeugt Unreinheit, und das Kind starb als Strafe, wenn auch gewiß nicht jeder Tod eine Strafe ist, sondern ein Faktum der körperlichen Hinfälligkeit des Menschen. Aber Unreinheit ist kein permanenter Makel, und dasselbe Paar kann dem großen Salomo das Leben schenken. Die Eltern mühten sich weiter, sie erkannten ihre Fehlhandlungen, bereuten und lebten weiter. Und in jedem Monat ging Batseba, nachdem sie ihre Blutungen hatte, zur Mikwe, dem reinigenden Wasser.

Es gibt einen Belegtext, wonach der Gang zur Mikwe sogar höher geschätzt wurde als Gelehrsamkeit, und das zu einer Zeit, da das Höchste und Wesentliche der talmudisch-rabbinischen Zeit nichts anderes als Gelehrsamkeit war.

Doch in der Akademie des Elia wurde gelehrt: Einmal starb ein Gelehrter sehr jung. Seine Frau nahm seine Tefillin (Ritualobjekte aus Leder und Pergament, die von Männern beim täglichen Gebet getragen werden) und trug sie zu jedem Studierhaus und fragte, warum er so jung gestorben wäre? Niemand konnte ihr eine Antwort geben. Ein Rabbiner sagte: »Einmal kam ich an ihrem Haus vorbei und sie erzählte mir alles, was ihr geschehen war. Ich fragte: ›Meine Tochter, wie hat er sich denn verhalten an den Tagen, wenn du in *nidda* warst?‹

Sie sagte: ›Gott behüte!‹

›Und an den Wochentagen, da du eine *lebuna* [die weißen Kleider, die man an den Tagen nach der Periode, aber vor der Mikwe trägt] trugst, wie war sein Verhalten dir gegenüber?‹

Sie sagte: ›Er aß mit mir, trank mit mir, und enthielt sich nicht, mich zu berühren.‹

Der Rabbi sagte dann: ›Gelobt sei der Heilige, der ihn nicht um seiner Gelehrsamkeit willen verschont hat, denn es heißt [in Leviticus]: Und einer Frau in der Absonderung ihrer Unreinheit sollst du dich nicht nähern.‹«

Das scheint sehr hart, aber es entspricht dem tiefsten mystischen Kern des klassischen jüdischen Familienrechts.

Die Hochzeit

Im traditionellen Judentum ist das Heiraten nicht einfach eine rechtliche Zeremonie, etwas, das ebenso privat durch einen Friedensrichter durchgeführt werden kann, sondern die öffentliche Darstellung der heiligsten Werte der Familie und der Gemeinde im Judentum.

Nach den Weisen gibt es so etwas wie Zufall nicht. Ein Mann und eine Frau treffen sich nicht einfach in einer Bar, in einer Klasse, in einem Bus oder bei einer Kreuzfahrt, oder auch durch Vermittlung von Freunden. Vielmehr werden die Seelen von Ehemann und Ehefrau durch Gottes Allgegenwart vor der ersten Schöpfung vereinigt. 40 Tage bevor ein Kind geboren wird, wird im Himmel verkündet, wer sein oder ihr Gemahl sein wird.

Von der Geburt an müssen die Engel, wenn nötig, Überstunden machen, um die zukünftigen Ehepartner, wenn es sein muß, von den entgegengesetzten Enden der Welt zusammenzubringen, so daß sie sich treffen und ineinander verlieben können.

Im Talmud (Sanhedrin) wird im Namen von Rabbi Jochanan gesagt: »Paare zusammenzubringen ist so schwierig wie das Rote Meer zu teilen, sie weinten zuerst und sangen später.« Darauf folgt eine Debatte. Sagte nicht Rabbi Juda im Namen von Raw: »40 Tage bevor der Embryo gebildet wird, geht eine himmlische Stimme aus und verkündet, daß diese Tochter die Frau jenes Sohnes werden wird?« Die Weisen erklären, die einfache himmlische Ankündigung hat mit dem Verlieben der jungen Leute zu tun, mit der Romantik der Jugend. Die Ehevereinbarung, die dann so schwierig ist wie die Teilung des Roten Meeres, bezieht sich auf das Zusammenbringen älterer Menschen für eine zweite Ehe. Rabbi Samuel ben Nachman sagte: »Alles kann ausgetauscht werden, aber nicht die Frau der Jugend.«

Manche vermuten, die Bemühungen, einen bestimmten Ehemann und eine Frau zusammenzubringen, können Jahrhunderte dauern, so daß die Großeltern des Bräutigams von Krakau nach New York »versetzt« werden müssen, während die Engel für die Vorfahren der Braut eine Migration von Marokko arrangieren.

Der Talmud machte bei der Diskussion der Sabbatgesetze klar, daß es an diesem heiligen Tag erlaubt sei, das Hochzeitsarrangement für das eigene Kind zu besprechen.

Es gab keine Grenzen, schien es, für die Forderung, eine Hochzeit zu ermöglichen. Die Rabbis lehrten, daß das Torastudium nur für eine Begräbnisprozession oder das Hochzeitsgeleit für eine Braut unterbrochen werden dürfe.

Die Rabbis lehrten: »Wer seine Frau so liebt wie sich selbst und sie mehr ehrt als sich selbst, und wer seine Söhne und Töchter auf den richtigen Weg führt und sie gleich nach dem Ende der Pubertät verheiratet, für den gilt: ›Du sollst wissen, daß es Frieden in deinem Zelt gibt.‹«

In den Psalmen wird ein Mann gepriesen, der ständig Mildtätigkeit übt. Die Weisen fragen: Wie ist es möglich, zu allen Zeiten mildtätig zu handeln? Die Antwort: Pflegeeltern, die ein Waisenkind bis zur Hochzeit aufziehen. Wenn ein Waisenkind heiraten will, dann sollte nach Meinung der Weisen die Gemeinde ein Haus mieten, es einrichten und die Braut ausstatten.

Im alten Israel glaubte man, eine Sonnenfinsternis würde sich ereignen, wenn die Gemeinde einer verlobten Jungfrau nicht zu Hilfe käme, wenn sie sich über schlechte Behandlung von seiten ihres Zukünftigen beklagt.

Es heißt, nach dem Tod der Menschen ist eine der ersten Fragen, die der Seele gestellt werden: »Hast du geheiratet?« Der Talmud sagt: »Sobald ein Mann verheiratet ist, klagen seine Sünden ihn nicht mehr an.« Wenn eine Ehefrau stirbt: »Sein Rat ist jetzt nicht mehr nützlich.«

Eine unverheiratete Frau wird mit einem unfertigen Gefäß verglichen. Ein Junggeselle, der in einer großen Stadt lebt und sexuell nicht sündigt, wird für ebenso erstaunlich gehalten wie ein Armer, der verlorene Gegenstände an den Verlierer zurückgibt oder wie ein Reicher, der Almosen im Geheimen gibt. Wer wird aber für wirklich reich gehalten? Rabbi Akiba sagte: »Wer eine Frau hat, deren Handlungen alle geziemend sind.«

In dieser Tradition kann man die Bedeutung der Ehe gar nicht überschätzen. Eine Legende erzählt, Gott habe nach der Erschaffung der Welt den Rest seiner Zeit damit verbracht, Paare zusammenzustellen. Wenn sich die Schicksalskinder dann wirklich treffen, sagen Freunde und Verwandte gern, die Ehe sei »beschert« oder vorbestimmt. Ein Individuum behält die Freiheit, jemanden zu heiraten, der nicht vorbestimmt ist, aber nach dem jüdischen Volksglauben und der rabbinischen Literatur ist dies eher die traurige Ausnahme als die Regel.

Die traditionelle Kultur gibt jedem neuen Paar das Gefühl, daß die neue Beziehung von Belang sei, nicht nur für das neue Paar, sondern auch für Gott und die Gemeinde. Wenn es sexuelle oder soziale, emotionale oder ökonomische, psychische oder physische Probleme gibt, dann läßt der historische und spirituelle Impetus ihrer Vereinigung das Paar eher eine therapeutische Lösung suchen als aufgeben, was weit leichter wäre, solange die Beziehung noch nicht ernsthaft geworden ist und ohne kosmische Erschütterungen aufgekündigt werden könnte. Traditionellen Juden wird beigebracht, daß zwar die Menschen nach dem Ebenbild Gottes geschaffen wurden, aber ein Mann und eine Frau einzeln und getrennt nicht die vollkommene Verwirklichung dieses Bildes sind. Nur zusammen können sie ihr Schicksal erfüllen.

Was hat das mit Liebe zu tun? Alles – und nichts. Es gibt zwei antike Modelle, wie Männer und Frauen zusammenkommen können. Die Bibel erzählt, wie Isaak und Rebekkas Ehe von Abraham arrangiert wurde. Andererseits sagt die Bibel, »Jakob liebte Rachel« und König Sauls Tochter, Michal, liebte David, und diese Liebe war jeweils das Vorspiel zur Ehe.

Auch heute noch gibt es Tausende orthodoxer Juden, die die Ehen für ihre Kinder arrangieren und die Wahl nach der religiösen und kulturellen Ähnlichkeit der Familien treffen. Je nachdem, wie traditionell die Gemeinde ist, können sich die prospektive Braut und der Bräutigam begegnen, ihre Zustimmung geben und sich auf hochstilisierte Weise verabreden und treffen. Entsprechend dem, was die Schicklichkeit gebietet, die verhindert, daß unverheiratete Paare allein in einem Raum sind, geht das Paar nur an öffentliche Orte wie Hotelhallen oder Wartehallen in Flughäfen. Hotel oder Flughafen sind öffentlich genug und erlauben es doch einem Paar, allein zu sein. Selten, wenn überhaupt, geht das Paar ins Kino; das wird für eine Zeitverschwendung gehalten und ist außerdem zu nahe an der Grenze der Schicklichkeit, da in so vielen Filmen sexuelle Inhalte vorkommen. Statt dessen unterhält sich das Paar, sie sprechen über ihre Träume, Weltanschauungen und spirituellen Haltungen. Weil diese Verabredungen eine so praktische Ausrichtung haben, wäre es ungewöhnlich, wenn es mehr als zwei oder drei Verabredungen bräuchte, bevor der eine oder der andere entweder eine andere Beziehung suchen oder ernsthaft über eine Heirat reden würde.

Liebe wird nicht als Voraussetzung betrachtet, sondern als etwas, das sich auf natürliche Weise entwickeln wird, wenn die beiden Partner eine Familie gründen, so wie es sich zwischen Eltern und Kind entwickelt oder zwischen Geschwistern – Beziehungen, die von den Beteiligten auch nicht freiwillig eingegangen werden.

Die Traditionalisten sagen, wenn es auch etwas seltsam klingt, daß diese Methode zu einer weit geringeren Scheidungsrate führt als es bei Ehen amerikanischen Stils der Fall ist. Diese Überzeugung geht auf die statistisch hohe Zahl von verheirateten Paaren zurück, die »sich verliebten« oder schon vor der Hochzeit miteinander schliefen und später trotzdem geschieden wurden – es sind mehr als 50 Prozent.

Auch in manchen »modernen« orthodoxen Gemeinden gibt es jetzt Variationen des typisch amerikanischen Rendezvousschemas, bei dem sich die Singles selbständig treffen und die Zeit gern allein hinter geschlossenen Türen verbringen. Trotzdem sind es meistens Beziehungen ohne Geschlechtsverkehr, aber mit ausgedehnter Werbung, bevor die Beziehung einen körperlichen Ausdruck findet.

Ari Goldman, ein orthodoxer Jude und Professor für Journalismus, schrieb in *The Search for God at Harvard*: »Für viele moderne Orthodoxe ist der Sex kein wichtiges Konfliktfeld. Es gibt ein hohes Maß an Rationalisierungen, einschließlich der jüdischen Lehre, daß Sex eine positive und gesunde Gottesgabe ist, jedenfalls solange der Sex heterosexuell und nicht ehebrecherisch ist.«

Goldman erklärt einige Muster für das Zusammenfinden von Paaren am Beispiel einer prominenten Synagoge der Upper West Side in Manhattan.

»Wenn man das System einmal kannte, war es leicht herauszubekommen, wer verfügbar war. In orthodoxen Synagogen tragen verheiratete Männer den weißen Gebetsschal, den Tallit, und verheiratete Frauen bedecken ihr Haar mit einem Hut oder einem Tuch. ... Nach dem Gottesdienst strömen die Synagogenbesucher auf die Straße. ... Paare, die miteinander gehen, gesellen sich zueinander und achten darauf, genau das richtige Maß an Zuneigung in der Öffentlichkeit zu zeigen. Es bilden sich Gruppen von einzelnen Menschen. Man wird vorgestellt, aber das ist nicht einmal nötig, denn hier liegt jedem die einfachste Eröffnungsformel in New York auf der Zunge: ›Schabbat Schalom. Wie fandest du die Predigt?‹. ... Bei diesem Ritual kommt Sex, wenn überhaupt, dann später. Und wenn man nach Hause eingeladen wird, dann zu einem Sabbatmahl mit anderen Freunden, nicht zu einer Runde im Bett. Zumindest nicht am Anfang.«

Ob die Verabredungen in der traditionellen Gemeinde nach liberalem oder klassischem Modell verlaufen, – wenn es Zeit für die Verlobung wird, befolgt beinahe die ganze traditionelle Gemeinde, sei sie modern oder nicht, die Sitte, nach der das Paar beide Eltern formell um ihre Zustimmung und ihren Segen bittet. Das geschieht mehr aus Respekt gegenüber den Eltern als aus Respekt gegenüber dem Gesetz, da nach jüdischem Recht die Eltern keine Macht haben, eine Hochzeit zu verhindern. Ein Paar hat sogar das Recht, elterliche Einwände abzuweisen, da in Genesis geschrieben steht, daß ein Mann seine Eltern verlassen und seiner Frau anhangen wird.

Diamantringe gelten jetzt allgemein als ein beliebtes Verlobungssymbol, doch hat diese Sitte keine Wurzeln im traditionellen Judentum, das einen Ring nur bei der Hochzeit selbst erfordert. Die Gabe des Rings besiegelt die Hochzeit zwischen einem Mann und einer Frau weit stärker als die Worte oder Segnungen, die vom Rabbi unter dem Hochzeitsbaldachin gesprochen werden. Der Tradition zufolge zählt nur, daß der Bräutigam der Braut etwas Wertvolles aus seinem Besitz gibt. In der sefardisch-orientalischen jüdischen Tradition gibt der Bräutigam der Braut oft eine wertvolle Münze.

Es ist eine beliebte westlich-aschkenasische Sitte, der Gemeinde einen Verlobungsempfang zu geben, bei der eine »Tenaim«-Vereinbarung unterzeichnet wird, in der das Datum der Hochzeit und andere vorhochzeitliche Bestimmungen festgelegt werden. Im Tenaimvertrag können auch Sätze stehen wie: »Wer eine Frau findet, findet etwas Gutes und findet Gnade vor Gott, der gut ist, und der sagt, diese Verbindung ist gut.«

Der Tenaimempfang schließt mit einem Mahl, der Danksagung und Ansprachen von den Ältesten der Gemeinde und Gelehrten. Die Mütter von Braut und Bräutigam zerbrechen als Symbol für ihren Teil des Handels einen Porzellanteller, damit wird auch angedeutet, daß eine zerbrochene Verlobung ebenso schwer zu reparieren ist wie ein zerbrochener Teller. Weil Tenaim in der traditionellen Gemeinde rechtlichen Status haben und als wirklicher Vertrag angesehen werden, können sich ernsthafte Probleme ergeben, wenn die Verlobung zerbricht, beinahe ebenso schwerwiegende wie bei einer Scheidung. Deshalb hat sich nach dem Holocaust, wo es nicht selten vorkam, daß eine Tenaimurkunde unterzeichnet wurde und dann der Partner oder die Partnerin spurlos »verschwand«, der Trend verstärkt, das Zerbrechen der Teller und die Tenaimzeremonie bis unmittelbar vor den Beginn der Hochzeit zu verschieben. Doch die Tradition ist zu mächtig, als daß Tenaim einfach als historischer Anachronismus betrachtet und aufgegeben werden könnten.

Schließlich hat etwas Historisches spirituelles Gewicht, denn es ist eine Erinnerung daran, wie frühere Generationen ihre Liebe, ganz zu schweigen von den Heiratsverträgen, be-

siegelten. Und die früheren Generationen werden höher ge-
achtet als die gegenwärtigen.

Wer dennoch am Anfang der Verlobung eine Verlobungs-
zeremonie haben will, hält wahrscheinlich ein »Wort« ab, bei
dem es ein Essen, Worte der Tora und Segenssprüche gibt und
die beiden Familien öffentlich ihren guten Willen erklären, die
Hochzeit veranstalten zu wollen. Rechtlich ist ein Wort weniger bindend als Tanajim. Weil aber auch ein Wort rechtliche
Probleme aufwerfen kann, sind viele Worte kaum mehr als eine
Möglichkeit, Braut oder Bräutigam bei einer Zeremonie mit
Essen, Trinken, Segnungen und Ansprachen, die den richtigen Eindruck auf Freunde und Familie machen sollen, kennenzulernen.

Obgleich Hochzeiten die Freude einer Gemeinde sind, ist
mehr als ein Drittel des Kalenderjahres für die Feier tabu. Eine
Hochzeit soll nicht stattfinden: an einem der 52 Sabbate; an
Rosch Ha-Schana und Jom Kippur und den zehn Tagen da-
zwischen; den vier Fasttagen, den großen jüdischen Feiertagen
und nicht in den meisten der sieben Wochen zwischen Pessach
und Schawuot; und nicht in den drei Wochen vor dem Jahres-
tag der Zerstörung des Tempels am neunten Tag des hebräischen Monats Aw. Außerdem gibt es noch kabbalistische An-
deutungen, es sei besser eine Hochzeit am Beginn des Monats
als am Ende abzuhalten. Zudem muß noch der Menstrua-
tionskalender der Braut konsultiert werden, denn Sex ist während der Menstruation und einige Tage danach verboten, bis
die Frau in der Mikwe eingetaucht ist.

Die Musik bei einer traditionellen Hochzeit ist immer jüdische religiöse Musik, denn, wie Rabbi Aryeh Kaplan sagt,
die Hochzeitsmusik hat »eine starke spirituelle Wirkung auf
das zukünftige Glück des Paares«. Der chassidische Meister
Reb Nachman lehrte, daß die richtige Musik therapeutische

Wirkung auf das spätere sexuelle Leben des Paares hat. Das klangliche Tonikum wird noch stärker, sagt Kaplan, wenn die Musiker selbst religiös sind. Es wird in der Tradition für unschicklich gehalten, daß Frauen Instrumente spielen oder singen, wenn Männer zuhören. Selbst das Tanzen soll therapeutisch sein, da das Springen der Körper die Unreinheit der Tänzer aussiebt.

Wie der Bräutigam der Braut einen Ring gibt, so gibt die Braut traditionellerweise dem Bräutigam einen Tallit (Gebetsschal). In den meisten orthodoxen Gemeinden trägt ein Mann erst von seiner Heirat an einen Tallit, auch wenn er die Bar-Mizwa Jahre zuvor gehabt hat. Ein Grund dafür ist, daß ein Mann ohne Tallit in einem Meer von Tallit tragenden Männern für die Gemeinde als potentieller Ehemann erkennbar ist.

Ein weiterer Grund ist, daß der Tallit von den Mystikern mit sexueller Versuchung in Verbindung gebracht wurde, die nach der Heirat zu einem wichtigeren Problem wird als nach der Bar-Mizwa. Das biblische Gebot, die Tallitfransen zu tragen, kommt aus dem Buch Numeri, wo gesagt wird »Sie sollen dir Gedenkzettel sein und du sollst sie anblicken und nicht versucht werden, deinem Herzen und deinen Augen zu folgen.« Der Talmud (Berachot) sagt, daß dieses Gebot sich auf sexuelle Situationen bezieht, die für einen verheirateten Mann verboten sind. An einem Tallit sind 32 Fransen, was auf Hebräisch wie »Herz« buchstabiert wird (im Hebräischen werden die Zahlen mit Buchstaben geschrieben, daher benutzten die Rabbis oft die Mathematik zur Wortinterpretation).

In der traditionellen jüdischen Welt trägt ein Mann seinen Tallit an sieben Morgen in der Woche, so daß die Botschaft täglich bekräftigt wird. In manchen orthodoxen Gemeinden werden Männer und Frauen, Ehemänner und Ehefrauen nicht immer nebeneinander begraben. Aber gewöhnlich wird ein Mann mit dem Tallit begraben, den ihm seine Frau gegeben hat.

Es wird eine Geschichte von einer Frau erzählt, die sich Sorgen machte, weil ihr neuer Bräutigam nicht so religiös war, wie sie gehofft hatte. Er fuhr auf Geschäftsreisen und ließ seinen Tallit zu Hause. Sie ging zum Rebbe, der ihr sagte: Eines Tages wird dein Mann seine allerlängste Reise machen, von dieser Welt in die nächste, und das einzige, was er mitnehmen wird, ist sein Tallit. Der Tallit ist ein ewiges Zeichen für das Band zwischen Ehemann, Ehefrau und Gott.

In moderneren orthodoxen Kreisen, in denen vorehelicher Sex nicht selten ist, erfordert die Vorbereitung für einen Abend mit Safer Sex mehr, als nur ein Kondom zur Hand zu haben: Man braucht Tallit und Tefillin. Man nennt das die »Tefillin-Verabredung«. Mit anderen Worten, der Mann ist so sicher, daß er mit der Partnerin des Abends schlafen wird, daß er die Ritualobjekte mitbringt, die er für sein Morgengebet brauchen wird.

Die Ermunterung und Wertschätzung der Gemeinde für einen Mann, der sich verheiraten will, wird in der Synagoge in der Woche vor der Hochzeit zum Ausdruck gebracht, wenn der Bräutigam aufgerufen wird, den Segen über die Tora zu sprechen. Der Talmud sagt, daß ein verheirateter Mann ein tieferes Verständnis für das heiligste Buch des Judentums gewinnt, dieses Buch, das sich auf einer mystischen Ebene viel mit Sexualität und Beziehungen beschäftigt.

Nachdem der Bräutigam im Anschluß an das Singen der Toraverse den Segen gesprochen hat, singt die Gemeinde ein Lied an den Bräutigam und wirft Tüten voller Süßigkeiten, auf daß die neue Beziehung süß sei. Die kleinen Kinder rennen durch die Synagoge und lesen die Süßigkeiten auf, zumal sie dazu erzogen sind, die Ehe mit den erhabenen Bereichen der Tora und allem, was süß und wohlschmeckend in dieser Welt ist, zu assoziieren.

Manchmal werden auch Nüsse geworfen. Nach Aryeh Kaplan wird die Braut als »Nuß« betrachtet, weil sie keusch ist und allen Männern verschlossen. Im »Segen der Jungfrauen«, den manche sprechen, nachdem eine Ehe vollzogen wurde, wird Eva im Garten Eden als Nußbaum bezeichnet.

Im Hohelied, dem Buch mit den meisten sexuellen Anspielungen im biblischen Kanon, sagt einer der Liebenden: »Ich ging hinunter in den Nußgarten«. Rabbi Kaplan erklärt: »Bevor man den Nußkern genießen kann, muß man erst die Schale zerbrechen. Ähnlich müssen zwei Menschen, bevor sie einander intim kennenlernen, die Schalen zerbrechen, die sie umgeben. In der Ehe verschwinden nach und nach die Schranken zwischen Ehemann und Frau.«

Oft wird der Bräutigam zur Toralesung an dem Sabbat eine ganze Woche vor der Zeremonie aufgerufen, und nicht, sagen wir, am Samstagmorgen vor einem Samstagnachtfest. Manchmal soll damit der potentiellen Braut Gelegenheit gegeben werden, an der Sabbatfeier teilzunehmen, denn traditionell sollen Braut und Bräutigam sich in der Woche vor der Hochzeit nicht sehen, damit die Hochzeitsnacht eine Nacht der Vorfreude und der erhöhten Leidenschaft ist. Obgleich angenommen wird, daß Braut und Bräutigam vor der Hochzeit keine sexuellen Beziehungen hatten, ist diese Sitte der Trennung bei modernen Brautleuten, die vielleicht Geschlechtsverkehr hatten, nützlich und sehr beliebt. Die Woche der totalen, auch visuellen, Abstinenz unterstreicht die Idee, daß mit jeder neuen Beziehung ein Neuanfang einhergeht.

Deshalb trägt die Braut weiß. In der jüdischen Tradition ist das Hochzeitskleid nicht weiß, um die Jungfräulichkeit zu symbolisieren, sondern beinahe das Gegenteil. Wie promiskuös die Braut vor der Ehe auch gewesen sein mag, die Hochzeit reinigt sie, sie trägt weiß als die Farbe der Reinheit, so frisch wie neugefallener Schnee.

Eine Hochzeit kann all das wieder festfügen, was zerbrochen schien, wie etwa eine anrüchige Vergangenheit, sie kann alte Wunden heilen und Braut und Bräutigam von allen vergangenen Übertretungen befreien. Es wird gelehrt, daß auf eine nichtkörperliche Weise die toten Eltern eines Waisenkindes ebenso wie die Großeltern der Hochzeit beiwohnen können. Da die Braut die Fähigkeit hat, besonders während sie unter dem Hochzeitsbaldachin steht, die irdische Welt und die himmlische zu verbinden, hat sich die Tradition entwikkelt, daß Individuen, die der himmlischen Gunst bedürfen, die Braut bitten, sie möge ihre Namen flüstern, wenn sie unter dem Chuppa-Baldachin steht.

Die kleine Welt unter dem Baldachin wird für ein Mini-Eden gehalten, den Ort der ersten Hochzeit, aus der Braut und Bräutigam, wenn sie nur wollen, ein Paradies machen können. Wenn zwei Menschen heiraten, werden sie für so sündenlos gehalten, als ob ihr Bett im Garten Eden stünde, die Feigenblätter werden über einen Zweig geworfen und »sie sahen, daß sie nackt waren, und sie schämten sich nicht.«

Adam und Eva werden zu oft mit dem »Sündenfall« in Verbindung gebracht. Ihre Sünde hat jedoch damit zu tun, daß sie von der verbotenen Frucht aßen, nicht damit, daß sie den Sex entdeckten. Die Sünde mit der Frucht geschah, *nachdem* sie miteinander geschlafen hatten. Deshalb war Sex im Paradies – den sie vor ihrer verbotenen Mahlzeit hatten – vollkommen rein und heilig. In der Tradition, mit der wir uns hier befassen, werden Adam und Eva mehr für den Taumel der sexuellen Wonne verehrt als für ihre von der Schlange angestiftete Übertretung geschmäht. In dieser, an sexueller Transzendenz orientierten Tradition sind Adam und Eva Urbilder des »ursprünglichen Sex«, des Sex ohne Sünde.

Um diese Sünde der verbotenen Frucht »gutzumachen«, fasten Braut und Bräutigam gewöhnlich am Tag ihrer Hochzeit bis nach der Zeremonie. Das Fasten hat noch einen weiteren Grund, denn der Hochzeitstag ist ein Mini-Jom-Kippur, ein Versöhnungstag für Braut und Bräutigam, eine Versöhnung für alle, die schon waren und alle, die noch kommen. Rabbi Kaplan schreibt: »Vor der Hochzeit gerät ein Mensch sehr leicht in Versuchung, in Gedanken wie in Taten. Doch am Hochzeitstag ... wird reiner Tisch gemacht. ... Die Liebe, die die Partner an ihrem Hochzeitstag füreinander empfinden, kann jede fehlgeleitete Leidenschaft aus der Vergangenheit auslöschen« oder ewige Vergebung für die Zukunft gewähren.

Das Fasten beweist auch die Herrschaft über die körperliche Lust. Bevor Braut und Bräutigam eine sexuelle Beziehung eingehen, wollen sie ihre Reife und ihr Verständnis ausdrükken, daß Sex und andere physische Vergnügen von ihnen beherrscht werden. Wie begierig sie auch auf das eine oder andere sein mögen, Sex und Essen werden bis nach dem Abschluß der Hochzeitszeremonie verschoben.

Die Ketuba, der Hochzeitsvertrag, wird vor der eigentlichen Zeremonie unterzeichnet und bezeugt. Sie kann auf einfachem Papier geschrieben sein, aber in vielen Gemeinden ist die Ketuba üblicherweise ein Kunstwerk, reich bemalt und oft gerahmt, eine wirkliche Zierde für das neue Heim des Paares.

Die Ketuba beginnt, wie die Tora, mit dem hebräischen Buchstaben Bet. Im wesentlichen ist die Ketuba ein biblischer Mikrokosmos; das Datum wird nach dem jüdischen Kalender angegeben, der von der Erschaffung der Welt an rechnet, die auch die Zeit des ersten sexuellen Rendezvous war. Die Ketuba lautet:

»Am [Wochentag], dem [Tag] des [hebräischen Monats] des [Jahres] nach der Erschaffung der Welt, wie wir hier in [der Gemeinde] das Datum schreiben, sagt der Bräutigam [namentlich erwähnt] zu seiner Jungfrau [sie wird einfach für so rein wie eine Jungfrau gehalten, aber das Wort ist eines der wenigen in diesem Dokument, das ausgetauscht werden kann, wenn das Paar es wünscht], deren Name [Name] lautet, Tochter des [Name]: Sei nach dem Gesetz Moses und Israels meine Frau. Ich will für dich arbeiten, dich ehren, ernähren und unterstützen, wie es jüdische Männer tun, die getreulich für ihre Frauen arbeiten, sie ehren, ernähren und unterstützen. Ich will dir das [Geld, bei der Scheidung] geben, was dir nach dem Gesetz der Tora zusteht, ebenso auch Nahrung, Kleidung, den Lebensbedarf und die ehelichen Erfordernisse entsprechend der universalen Sitte.«

Die Ketuba führt dann die finanziellen Verpflichtungen weiter aus. Viele lesen jedoch auch sexuelle Verpflichtungen des Paares hinein. Die Worte der Ketuba »arbeiten«, »ehren« und »unterstützen« wurden als sexuelle Euphemismen für Sex betrachtet, die weit über das hinausgehen, was einfach »eheliche Erfordernisse« genannt wird.

Die Ketuba wird unterzeichnet, und manchmal schließt sich daran ein kurzer Gebetsgottesdienst in Anwesenheit des Bräutigams an, und dann spielen Klarinetten und Trompeten ein mitreißendes jüdisches Hochzeitslied als Fanfare, während der Bräutigam-König von seinen männlichen Gästen und tanzenden Freunden auf dem Weg zur Braut-Königin begleitet wird, die er nun zum ersten Mal seit einer Woche sieht. Während dieser Zeremonie, dem *bedeken*, herrscht eine feine Spannung, wenn sich die beiden Liebenden wieder vereinen. Sie sitzt in ihrem Gewand auf einem weißen Thron, und er kommt zu den Klängen einer majestätischen und doch ausgelassenen Melodie in Begleitung eines scheinbar königlichen Gefolges.

Der Bräutigam nähert sich der Braut, ihre Augen schließen sich, und er senkt ihren Schleier über ihr Gesicht, wie die biblische Rebekka ihren Schleier senkte, bevor sie Isaak begegnete. (Da Abraham und Sara verheiratet waren, bevor wir mit ihnen in der Bibel bekannt gemacht werden, gilt Rebekka als die erste Braut in der langen, ungebrochenen Tradition der jüdischen Hochzeiten)

Es gibt noch andere Gründe für das Verschleiern: um einen Akt der Bescheidenheit zu vollführen, nachdem die Braut am Tag ihrer größten Schönheit Gäste und tausendfaches Lob empfangen hat; um zu zeigen, daß der Bräutigam nicht so sehr an der äußeren physischen Schönheit der Braut wie an ihrer inneren spirituellen Schönheit interessiert ist, die durch das körperliche Aussehen verschleiert wird; um an den blinden Glauben der Israeliten zu erinnern, als sie – die Braut – Gott, dem metaphorischen Bräutigam, aus Ägypten und auf einer jahrzehntelangen Wanderung durch die Wüste und die Steinfelder in das Unbekannte folgten.

In manchen Traditionen wird die Braut dann von den Zuschauern mit denselben Worten gesegnet, mit denen Rebekka gesegnet wurde, bevor sie Isaak heiratete, und mit denen Mädchen jeden Sabbatabend gesegnet werden: »Unsere Schwester, mögen aus dir Tausende werden. … Möge Gott dich wie Sara, Rebekka, Rachel und Lea machen.« Oft wird auch der Bräutigam gesegnet.

Es ist höchste Ehre und Pflicht, mit der Braut oder dem Bräutigam zu tanzen. Rabbi Chelbo sagte im Namen von Raw Huna: »Wer den Bräutigam nicht aufheitert … handelt wider die Fünf Stimmen« (in Jeremia, wo sie erwähnt werden, die Stimme des Frohlockens, die Stimme der Freude, die Stimme des Bräutigams, die Stimme der Braut, die Stimme derer, die sagen: gepriesen seist Du, Herr der Heerscharen). Wenn er den Bräutigam aufheitert, was wird dann seine Belohnung sein? Rabbi Simon ben Lakisch sagte: »Er verdient die Tora.« Rabbi

Abuhu sagte: »Den Bräutigam aufzuheitern gilt als ebenso verdienstvoll, wie wenn er ein Dankopfer dargebracht hätte.« Rabbi Nachman ben Isaak sagte: »Es ist, als ob er die Ruinen Jerusalems wieder aufgebaut hätte.«

Der Bräutigam geht vor der Braut durch den Hauptgang, so wie Adam im Garten war, bevor Gott Eva zu ihm brachte, gerade wie Gott der erste am Sinai war, bevor die Israeliten ankamen. Der Bräutigam ist natürlich nicht Gott, aber bei Hochzeiten sollen historische und theologische Bilder wieder anklingen, um diesem Ereignis Gewicht und Ewigkeit zu verleihen.

Wie Adam von den Engeln Gabriel und Michael zu seinem Hochzeitsbaldachin begleitet wurde, wird auch der Bräutigam, gewöhnlich von seinen Eltern, begleitet. Wenn er den Gang entlang schreitet, erheben sich Reihe um Reihe die Gäste wie in Gegenwart von Königen. Die Gäste setzen sich wieder, wenn der Bräutigam vorbeigegangen ist. Diese Respektbezeugung wird für die Braut wiederholt.

Wer die Braut oder den Bräutigam geleitet, hält gewöhnlich zwei gedrehte Kerzen, eine für jede Eskorte. Die Kerzen beschwören eine heitere Schönheit herauf, ihre Windungen erinnern an das Umschlingen von Männlich und Weiblich, ihre Hitze an die Hitze der Leidenschaft, ihr Feuer ist eine Warnung, daß die Ehe, wenn sie ihre spirituelle Dimension verliert, Gefahr läuft, brennende Schmerzen zuzufügen.

Es gibt den Brauch, dem Bräutigam, wenn er unter dem Hochzeitsbaldachin angekommen ist, in einen *kittel* zu helfen, ein weißes baumwollenes oder leinenes Gewand ohne Taschen, das nicht nur die Reinheit des Bräutigams symbolisiert, sondern auch das Leichentuch, in das er nach seinem Tod gehüllt werden wird. Das ist nicht so morbid, wie es scheint, denn von den Toten glaubt man, daß sie in eine heilige und höhere Welt aufsteigen, ein Eden der Nachwelt. Manche Rabbis behaupten, es sei die Idee des Todes und der Begegnung mit dem Schöpfer, die einen Gatten ehrlich bleiben läßt.

Die Chuppa selbst ist eine weitere Demonstration der Einheit von Braut und Bräutigam. Sie besteht aus einem großen Tallit oder einem anderen Tuch, das von vier Säulen hoch über Braut und Bräutigam gehalten wird, und das Dach und die vier Säulen ihres Hauses symbolisiert. Die Chuppa ist an den Seiten offen, eine Erinnerung an die Zelte Abrahams, die allen aus allen vier Enden der Welt offenstanden.

In manchen Gemeinden wird ein Tallit über das Paar drapiert, als ein Zeichen für die Öffentlichkeit, daß das Paar in einem Haushalt vereinigt ist.

Wenn die Braut unter der Chuppa ankommt, umkreist sie den Bräutigam sieben Mal oder drei Mal, je nach Brauch. Wie der Bräutigam der Braut einen Ring aus Metall gibt, so schafft sie einen Ring aus Spirituellem, in dem sie ihn einschließen und entzücken wird. Manche Mystiker behaupten auch, das Umkreisen des Bräutigams durch die Braut beschwöre die vaginale Umarmung des Penis. Doch die Schicklichkeit hat diese Interpretation in die hintersten Ecken der Tradition verbannt.

Sieben und drei sind besonders mystische Zahlen, deren jede Dutzende von heiligen Bildern heraufbeschwört wie die sieben Tage der Schöpfung, die ihren Höhepunkt mit der Erschaffung der Frau erreichten, und die neue Liebe ist eine symbolische Neuerschaffung der Welt. Die Drei soll Gottes Versprechen an die Israeliten spiegeln: »Ich werde dich mir für immer verloben. Ich will dich mir mit Rechtschaffenheit, Gerechtigkeit, Freundlichkeit und Gnade verloben. Ich will dich mir mit Glauben verloben und du wirst Gott erkennen.« Das letzte Zitat aus dem Buch Hosea wird jeden Morgen gesprochen, wenn die jüdischen Männer die Tefillin anlegen, die während des Morgengebetes getragen werden und deren Lederstreifen und Käpselchen die Heilige Schrift enthalten.

Die Chuppa-Zeremonie endet mit der Rezitation der sieben Segen, deren Inhalte von den Anfängen der Schöpfung bis zum Höhepunkt dieser Ehe und dem messianischen Potential innerhalb jeder ehelichen Liebe reichen.

Die folgenden Segenssprüche werden gesprochen, während ein Becher Wein hochgehalten wird:

1. Gesegnet seist Du, Adonai unser Herr, König der Welt, Schöpfer der Frucht des Weinstocks;

2. Gesegnet seist Du … der alle Dinge zu seiner Ehre geschaffen hat;

3. Gesegnet seist Du … Schöpfer des Mannes [Adam];

4. Gesegnet seist Du, der Du den Mann nach seinem Bild geschaffen hast, im Ebenbild seines Planes, der ihm eine ewige Gestalt verliehen hat, gesegnet seist Du Gott, der den Mann gestaltet hat;

5. Bringe tiefe Freude und Feste denen, die unfruchtbar sind, indem Du ihre Kinder versammelst, die sie in ihrer Freude umgeben; gesegnet seist Du, der Du Zion durch ihre Kinder erfreust;

6. Erfreue diese liebenden Gefährten wie Du deine Schöpfung im Garten Eden erfreut hast am Anfang der Zeit, gesegnet seist Du, der Du den Bräutigam und die Braut erfreust;

7. Gesegnet seist Du, Adonai unser Gott, König der Welt, der Freude und Wonne geschaffen hat, Bräutigam und Braut, Fröhlichkeit, glückliche Lieder, Vergnügen, Entzücken, Liebe, Brüderlichkeit, Friede und Kameradschaft. Adonai unser Gott, laß doch bald in den Städten Judas und den Straßen Jerusalems den Klang der Freude und den Klang des

Frohlockens hören, die Stimme des Bräutigams und die Stimme der Braut, den Klang der Bräutigame, die unter der Chuppa frohlocken und der Jungen von ihren liederreichen Festen; gesegnet seist Du, der Du den Bräutigam mit der Braut erfreust.

Man beachte, daß wir im sechsten Segensspruch vom Bräutigam und der Braut und im siebten vom Bräutigam mit der Braut sprechen. Die Tradition kennt die Realität und weiß, daß die Liebenden zu Zeiten selbständige Individuen sind und zu anderen Zeiten eine einzige Einheit. In dem Segen kommt auch vor, sie mögen die Weisheit haben, zu wissen, wann sie dem anderen Autonomie und Unabhängigkeit gewähren sollen, dann kommt die Formel vom Bräutigam mit der Braut. Obgleich sie jetzt eine Familie sind, verdienen und bedürfen sie doch individueller Segnungen.

Die Segnungen entsprechen den Segnungen, die Gott Adam und Eva im Garten Eden gab: Seid fruchtbar, mehret euch, füllt die Erde, erobert sie und herrscht über Fische, Vögel und Tiere. Die ganze Natur war ein Geschenk an sie.

Diese sieben Segnungen werden während der ersten Woche der Ehe rezitiert. Statt in die Flitterwochen zu fahren, gibt es für das Paar in den nächsten sieben Tagen eine Reihe von Mini-Hochzeitsfesten.

Unter der Chuppa bedeuten die sieben Segnungen den Abschluß der Zeremonie, der durch das Zerbrechen eines in ein Tuch gehüllten Glases erfolgt. Dafür gibt es viele Gründe. Am häufigsten wird angeführt, daß auch in Zeiten der größten Freude die Liebenden sich daran erinnern sollen, daß die Welt in einem unvollkommenen Zustand ist, was durch die Zerstörung des Heiligen Tempels in Jerusalem symbolisiert ist, und daß das junge Paar unter seinen ehelichen Pflichten auch die

Bereitschaft übernehmen muß, die Unvollkommenheiten der Welt zu korrigieren. Zu den anderen Gründen gehört die Erinnerung an das Zerbrechen der Zehn Gebote; das Beschwören unserer Sterblichkeit; daran, dem Satan seine fünf Sekunden in der Sonne zu geben, um nicht bei so viel Freude und Glück den bösen Blick herauszufordern.

Doch die talmudischen Weisen wählten Glas als Material, das zertrümmert wird, weil es – wie wir – leicht zerbricht, aber leicht geschmolzen und umgeformt und im wesentlichen in seiner ursprünglichen Reinheit wiederhergestellt werden kann.

Rabbi Schlomo Carlebach fragt: »Warum zerbreche ich nicht jeden Tag ein Glas, sondern nur unter der Chuppa? Die Antwort lautet etwa so: Wenn ich kein Zuhause habe und in den U-Bahn-Schächten lebe, und jemand erzählt mir, sein Haus fällt zusammen, wie sehr schmerzt mich das? Nicht sehr. Aber wenn du unter der Chuppa stehst, und Gott gibt dir ein Haus, wird dir plötzlich schmerzlich bewußt, daß Gott kein Haus hat.« Und Rabbi Carlebach sagt:

»Wir zerbrechen Glas zur Erinnerung an Jerusalem. Weißt du, wieviel Pein wir 2000 Jahre lang durchlitten haben, um an Jerusalem festzuhalten, von dem Tag an, da die Römer es niederbrannten bis 1967, als die Juden wieder Zugang zur ganzen Stadt hatten? So viel, nicht wahr? Weißt du, was der Bräutigam zu seiner Braut sagt, bevor sie den Baldachin verlassen? Er sagt, wenn Gott verbietet, daß zwischen uns etwas zerbricht, dann bin ich bereit, durch ebensoviel Leid hindurchzugehen, um unser Haus wieder aufzubauen.

Solange du deine Seelengefährtin nicht gefunden hast, bist du nicht stark genug, die Welt festzuhalten. Wenn du eine Seelengefährtin und ein Heim hast, dann kannst du die Welt festhalten. Wenn du also die Chuppa verläßt, dann sagst du: Herr der Welt, ich bin bereit. Schicke alles zerbrochene Glas zu mir.«

Nachdem das Glas unter der Chuppa zerbrochen wurde, rufen alle »Masel Tow!« – nicht aber in Jerusalem. Dort, wo der

Tempel wirklich stand, meint man, die Leute sollten nicht in einem Moment »Masel Tow!« rufen, der an die nationale Tragödie erinnert. Deshalb wird in Jerusalem das Glas an einem früheren Punkt der Zeremonie zerbrochen, und die Hochrufe kommen nach dem siebten Segensspruch.

Nach der Zeremonie kommt der Rückzug des Paares hinter verschlossene Türen, ein Privileg der Ehe. Dieser Rückzug von der Gemeinschaft, genannt *jichud*, bedeutet, daß eine Ehe, deren Wände immer offen wie eine Chuppa sind, zum Scheitern verurteilt ist. Es muß eine Zeit geben, sagt man dem Bräutigam und der Braut, zu der sie allein sind. Eine folkloristische Überlieferung sagt, daß es für ein neues Liebespaar keinen größeren Segen gibt, als die Weisheit zu erkennen, wann es seine Tür öffnen und wann es sie schließen soll.

Rabbi Chanina ben Rabba sagte: »Jeder weiß, warum die Braut die Hochzeitskammer betritt. Doch wer darüber mit profaner Sprache spricht [vertreibt] ein göttliches Dekret, das ihm 70 Jahre Glück gewährt, und ein solches Dekret verwandelt sich ins Böse gegen ihn.«

Das Hochzeitsessen bei traditionellen Hochzeiten ist wegen zweier Bräuche erstaunlich. Der eine: An der Seite stehen einige Tische für die Armen, Studenten, Älteren oder Heruntergekommenen der Gemeinde, die ein gutes Mahl wohl gebrauchen können, und deren Schicksal im Glanz von Braut und Bräutigam schmerzen könnte. Der Braut und dem Bräutigam wird es zum Segen, wenn sie die ersten Momente als Paar mit mildtätigen Handlungen und Freundlichkeit beginnen.

Ein anderer Brauch ist das nach Geschlechtern getrennte Tanzen. Dahinter steht die Idee, daß im Zentrum des Festes Braut und Bräutigam stehen sollten, und nicht die Frage, ob man eine Verabredung hat oder nicht. Das getrennte Tanzen gewährleistet auch, daß jeder an der Fröhlichkeit teilhaben kann, auch wenn er oder sie alleine kam. Doch auch manche nach Geschlechtern getrennte Tänze sind sexuell aufgeladen. Ein rechtlicher Grund ist, daß die talmudischen Weisen es für unschicklich hielten, wenn Männer und Frauen in der Öffentlichkeit zusammen tanzten.

Gerade wie der Sabbat die spirituelle Kontemplation befördern soll und nicht nur aus dem einfachen Verzicht, beispielsweise auf Fernsehen, besteht, so soll es auch bei einer Hochzeit mehr um die Gebete gehen, die von und zur Chuppa und dem Paar fließen, als darum, daß ein zeremonieller Ort zur Disco der Stadt wird. Bei einer Hochzeit sollte Intimität im Mittelpunkt stehen.

Bei einer Hochzeit soll es um einen kleinen Messianismus gehen. Ein Liebender hat wie der Messias die Macht, alles Falsche zu nehmen und es wieder ins Rechte zu wenden. Rabbi Carlebach lehrt, daß wir weiter auf den Messias, der die Welt erlöst, warten sollten, aber daß wir manchmal das Privileg haben, einander der Messias zu sein. Das geschieht idealerweise in der Ehe.

Wie sollte eine Braut gepriesen werden, wenn man vor ihr tanzt? Die Weisen streiten darüber. Bet Schammai sagt: »Beschreibe sie, wie sie ist.« Bet Hillel sagt: »Nenne sie eine hübsche, anmutige Braut.« Bet Hillel wurde gefragt: »Angenommen, die Braut ist lahm oder blind, sollten wir dann immer noch so singen, wie du sagst?«

Bet Hillel rät, man solle dem Bräutigam oder dem Schöpfer aller Bräute gegenüber nicht auf ihre Fehler verweisen. Deshalb sang Bet Hillel von der Schönheit, die in allen Bräuten wohnt.

Als Rabbi Dimi aus Israel nach Babylon kam, sagte er: »So singen sie vor einer Braut in Israel: ›Sie hat weder Schminke noch Nagellack noch Haarfarbe – doch sie ist so anmutig wie eine Gazelle.‹«

Raw Acha pflegte die Braut auf seine Schultern zu nehmen und mit ihr zu tanzen. Als die Rabbis ihn fragten: »Sollen wir dasselbe machen?« antwortete er: »Wenn die Braut wie ein Balken auf euren Schultern ist, und bei euch nicht unreine Gedanken erregt werden, dann könnt ihr es tun. Sonst nicht.«

Rabbi Judai bar Ilai tanzte mit einem Myrtenzweig vor der Braut und sang: »Eine hübsche und anmutige Braut.« Raw Schmuel bar Isaak tanzte mit drei Myrtenzweigen. Als Raw Zera das sah, sagte er: »Der alte Mann ist eine Zumutung.« Aber als der [alte Mann starb], richtete sich zwischen ihm und der übrigen Welt eine Feuersäule auf, was nur ein oder zweimal in einer Generation geschieht. Raw Zera sagte dann: »Der Myrtenzweig, mit dem er vor der Braut tanzte, muß ein Segen für ihn gewesen sein.«

Der Feiertag Tu be-Aw war in der Antike der Tag für soziale Wagnisse. Nach Rabban Schimon ben Gamliel gab es in Israel keine andereren Tage, die so festlich begangen wurden wie der 15. Tag des Monats Aw (Tu be-Aw) und Jom Kippur. An Jom Kippur werden alle Sünden vergeben. An Tu be-Aw kleideten sich die jungen Damen von Jerusalem in weiße Gewänder, die alle nur geliehen waren, um die nicht in Verlegenheit zu bringen, die keine hatten. Reichen Mädchen wurde verboten, ihre eigenen Kleider zu tragen. Alle Kleider mußten in der Mikwe eingetaucht werden. Die Mädchen gingen hinaus und tanzten in den Weinbergen. Und was sangen sie? Die hübschen Mädchen sangen: »Junge Männer, hebt eure Augen auf und seht an, was ihr auch auswählt«, da eine Frau vor allem wegen ihrer Schönheit und ihres Potentials als Sexualpartnerin da ist.

Mädchen, die nicht besonders attraktiv waren, aber aus angesehenen Familien kamen, sangen: »Achtet nicht auf Schönheit. Achtet auf die Familie«, da eine Frau vor allem für das Kinderkriegen und die Gründung einer Familie da ist.

Diejenigen, die unauffällig und aus normalen Familien waren, sangen einen Vers aus dem Buch der Sprüche, wo die inneren Werte in ihrer Größe betont werden: »Lug ist die Anmut, Dunst die Schönheit, ein Weib, das den Herrn fürchtet, wird gerühmt.« Aber nur unter der Voraussetzung, daß sie nach der Hochzeit mit Gold, Edelsteinen und schönen Kleidern geschmückt wird, denn das kann einen Mangel an natürlicher Schönheit ausgleichen.

Rabban Schimon ben Gamliel erklärte einen damit verwandten Vers: »Geht hinaus und blickt, Töchter Zions, auf den König Salomon, der mit der Krone geschmückt ist, die seine Mutter für ihn machte am Tag seiner Hochzeit und am Tag seiner Herzensfreude.« Dieses ist eine Allegorie, der König ist Gott, die Mutter Israel, die Hochzeit ist der Tag, an dem die Tora am Sinai gegeben wurde, die Krone ist der Heilige Tempel: »Möge er schnell wieder aufgebaut werden in unserer Zeit.«

Warum der 15. Aw? Raw Jehuda erklärt im Namen Schmuels: »Es war der erste Tag, an dem die Zwölf Stämme außerhalb ihrer eigenen Stämme heiraten konnten. Davor waren die Israeliten bei der Wahl ihrer Liebespartner auf ihre eigenen Stämme beschränkt. An diesem Tag tanzten junge Frauen in den Weinbergen. Männer, die keine Frau hatten, konnten dorthin gehen und eine finden. Auch die Älteren, die nicht mehr verheiratet waren, wurden zur Wiederheirat gedrängt. Die Weisen sagten: »Auch wenn ein Mann viele Kinder hat, ist ihm verboten, ledig zu bleiben« (falls seine Frau gestorben oder von ihm geschieden war). Rabbi Joschua fügte hinzu, ein Mann sollte versuchen, Kinder zu haben, auch wenn er alt ist.

Man hoffte, jeder würde mit seiner Geliebten in einem Ehebett schlafen wie dem König Davids, wo eine Harfe über dem

Kopfende hing. Um Mitternacht wehte ein Nordwind herein und blies über die Saiten der Harfe und entlockte ihr die schönsten Melodien.

Samuel sagte zu Rabbi Juda: »Gelehrter, nimm und iß; nimm und trink; die Welt, die wir verlassen müssen, ist wie ein Hochzeitsbankett, das allzu schnell vorübergeht.«

Epilog

Ich werde immer wieder gefragt, vor allem seit ich in den Medien auftrete, warum ich beim Reden über Sex so viele Schranken durchbrechen konnte. Gewöhnlich führe ich als Antwort die möglichen Gründe auf: Meine Erziehung, besonders meine Ausbildung als Sextherapeutin; mein Alter, das mein offenes Reden über Sex weniger bedrohlich macht; und mein Akzent, der die Leute an Freud erinnert und die freimütigen sexuellen Ausdrücke, die ich verwende, fremd klingen läßt und sie dadurch vielleicht akzeptabler macht.

Meine Erziehung als orthodoxe Jüdin gab mir eine solide Grundlage in einer moralischen Tradition, die sich meinen Zuhörern und Lesern auch dann vermittelt, wenn ich über Orgasmen oder verschiedene Positionen spreche. Und da Juden den Sex nicht als Sünde betrachten, sondern eher als eine erfreuliche Pflicht, war es für mich einfacher, ohne Scham zu sprechen, wodurch es dann wieder für mein Publikum zu einer angenehmeren Erfahrung wurde.

Zur jüdischen Tradition gehört auch die Vorstellung, daß in einem Konfliktfall zwischen Mutter und Ungeborenem das Leben der Mutter Vorrang hat. Dadurch wurde es leichter für mich, einen Standpunkt zugunsten der Abtreibung einzunehmen, wenn auch nie als Mittel der Empfängnisverhütung, sondern nur als eine außergewöhnliche Maßnahme.

Die jüdische Tradition legt großen Wert auf den Frieden im Haus: *Schalom bajit*, und da die sexuelle Lust ein wesentlicher Bestandteil in diesem Prozeß ist, war es für mich eine *bracha* (Segen) und eine Mizwa (ein positives Gebot), den Paaren bei diesem wichtigen Aspekt ihrer Beziehung zu helfen und nicht etwas, dessen ich mich schämen müßte.

Wenn ich diese Vorstellung von himmlischer Lust nicht nur für Juden, sondern für alle Menschen empfehle, dann versuche ich, das Sexleben all derer zu verbessern, die auf meinen Rat hören. Himmlischer Sex ist vielleicht nicht immer erreichbar, doch wünsche ich ihn meinen Lesern so oft wie ihnen möglich. Und mögen sie Gott danken, wann immer er sich ereignet.

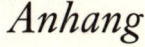

Anhang

Rechtliche Kodifizierung

Im Talmudtraktat Makkos lehrt Rabbi Simlai: »613 Gebote wurden Moses gegeben, 365 Verbote entsprechend der Tage des Sonnenjahres, und 248 positive Weisungen entsprechend den Teilen des menschlichen Körpers.«

Über die Frage, wo in der Tora diese 613 aufgeführt werden, entwickelte sich im Lauf der Jahrtausende eine umfangreiche Literatur. Aufgrund der Theorie, daß jeder einzelne Buchstabe in der Bibel mystische Bedeutung und Myriaden von Lehren hat und daß kein Buchstabe bedeutender als der andere ist, unterscheidet die Bibel selbst nicht zwischen Legende und Gesetz. Doch in Einklang mit der Idee, daß jedes Gebot in Beziehung zu »Teilen des Körpers« unter der Sonne steht, gibt es eine ungeheure Zahl von Gesetzen, die Sex und Beziehungen regeln.

Diese 613 Gebote dienen dem rabbinischen Recht als Verfassung, insofern alle späteren Gesetze ihre Herkunft oder Herleitung aus diesen Abschnitten der Kernlehre angeben müssen. Im folgenden werden 65 dieser Gebote aufgeführt, die das früheste Verständnis der Sexualgesetze und -werte im Judentum und Monotheismus reflektieren.

Die erste Gruppe der runden Klammern gibt die biblischen Verse aus Genesis, Exodus, Leviticus, Numeri und Deuteronomium an, von denen die Gesetze hergeleitet sind. Eine zweite Gruppe von runden Klammern bezieht sich auf das

Mündliche Recht, auf die Traktate des Babylonischen Talmud mit Folio- oder Kapitelangabe, in denen die jeweiligen Gebote erörtert oder einfach durch Geschichten oder einen esoterischen Kommentar erläutert werden.

Wenn ein Traktat ohne eine solche Zahl angegeben ist, verweist das darauf, daß sich fast der ganze Traktat mit diesem Thema befaßt. Da der Talmud eher eine freie Assoziation denn eine wissenschaftliche oder akademische Abhandlung ist, kann ein Thema auch in verschiedenen Traktaten vorkommen. Ein Index der talmudischen Themen muß per se ungenau sein, da das Mündliche Recht, anders als die Bibel, buchstäblich in freier Assoziation geschrieben ist, und beinahe alle Satzzeichen fehlen, die die einzelnen Verse voneinander abgrenzen würden.

Leser, die diese Stellen nachschlagen wollen, sollten daran denken, daß es geringe Abweichungen zwischen dem hebräischen und dem christlichen System der Kapitel- und Verseinteilung gibt, und daß auch die Phraseologie eines Grundtextes wie die Zehn Gebote nicht unumstritten ist. Obwohl die hebräischen und christlichen Wissenschaftler die Zehn Gebote in Exodus 20 und Deuteronomium 5 einordnen, unterteilt die hebräische Bibel die Zehn Gebote in 14 Sätze in Exodus (die ersten, zerbrochenen Tafeln) und in zwölf Sätze in Deuteronomium (die zweiten Tafeln); der christliche Kanon teilt genau dieselben Gebote in 17 beziehungsweise 16 Verse ein. Auch darüber, wie die Gebote gezählt werden sollten, besteht keine Einigkeit, obgleich es über die originalen, unpunktierten Wörter keinerlei Disput gibt.

Die unten aufgeführten Verse sind hoffentlich nur ein Ausgangspunkt, der die Leser dazu anregen kann, ihre jeweilige Bibel aufzuschlagen und sich den spirituellen und erzählerischen Kontext, in dem die Gebote gegeben wurden, näher anzusehen.

Eine Familie zu gründen, zu heiraten und Kinder zu haben. (Gen 1, 27-28; 2, 18; 2, 24-25) (Jebamot 61) »... Mann und Weib schuf er sie. Und Gott segnete sie und sprach zu ihnen: »Seid fruchtbar und mehret euch. ... Es ist nicht gut, daß der Mensch allein sei ... Darum verläßt der Mann Vater und Mutter und hangt seinem Weib an, daß sie zu einem Leib werden. Sie waren aber beide nackt, der Mensch und sein Weib, und sie schämten sich nicht.«

Dieses Gesetz ist nur auf Männer über 18 anwendbar. Wenn nach zehn Jahren eine Frau nicht empfangen hat, hat der Ehemann die Möglichkeit, eine zweite Frau zu nehmen, um dieses Gebot zu erfüllen.

Traditionellerweise ist die »Abtreibung auf Verlangen« als Verletzung des Gebotes, fruchtbar zu sein und sich zu mehren, interpretiert worden. Doch haben die Rabbis die Abtreibung immer erlaubt, wenn sie für die physische oder psychische Gesundheit der Frau nötig war, aber nicht als Schwangerschaftsverhütung und nicht als eine »Wahl«. Diese Notlagenindikation ist vom liberaleren Flügel des Judentums übernommen worden und paßt zum modernen amerikanischen Recht, wird aber von den klassischen Orthodoxen weit enger ausgelegt – beinahe bis zu Null. Geht man im orthodoxen Spektrum nach rechts, dann ist die Abtreibung nicht eine »Wahl«, sondern bleibt den Frauen vorbehalten, deren Umstände wirklich grauenhaft sind; Erschöpfung oder Familienplanung stellt keinen hinreichend legitimen Grund dar. In den Kreisen der Chassidim oder Jeschiwen ist die Abtreibung selten, beinahe stigmatisiert, keineswegs erlaubt, um das Geschlecht des Babys zu bestimmen oder die meisten angeborenen Defekte zu vermeiden. Aber es ist noch weniger umstritten als in den meisten traditionellen römisch-katholischen Gemeinden Amerikas.

Gebot 2

Männer müssen am achten Lebenstag beschnitten werden, sofern sie gesund sind. (Gen 17, 10) (Schabbat 19)

Dieses und das Gebot über Pessachopfer (Exodus 12, 6) sind die einzigen von den 248 positiven Geboten, deren Verletzung mit der Strafe der Exkommunikation belegt waren. »Und das ist mein Bund, den ihr wahren sollt, zwischen mir und euch und deinem Samen nach dir: Beschneiden lasse sich euch alles Männliche.« (10)

Gebot 3

»Du sollst nicht ehebrechen.«
(Exodus 20, 13) (Sanhedrin 84, Ketubbot 44)

Das Rabbinische Recht erweiterte dieses Siebte Gebot um eine riesige Zahl von Gesetzen zur sexuellen Schicklichkeit, wie das Verbot, daß Männer und Frauen nicht allein zusammen sein dürfen, es sei denn, sie wären ganz nahe Familienangehörige. Ehebruch mit einer verheirateten Frau war eines der sechs Kapitalverbrechen, das mit Erwürgen bestraft wurde, und das einzige Kapitalverbrechen, das mit der menschlichen Sexualität zu tun hat.

Ehebruch ist das einzige Sexualgesetz der Bibel, von dem man meinte, es sei auf die ganze Menschheit anwendbar. Das Mündliche Gesetz (der Talmud) kannte »Die sieben Gesetze der Söhne Noahs«, mit deren Einhaltung sich jemand einen »Anteil an der zukünftigen Welt« verdiente. (Die sieben Gesetze sind:

die Verpflichtung, ein System zur Anwendung von Gerechtigkeit zu etablieren oder zu akzeptieren; das Verbot von Mord, Ehebruch, Götzendienst, Diebstahl, Gott fluchen; und etwas essen, das von einem lebenden Tier abgeschnitten war.)

Gebot 4

»… Du sollst nicht begehren das Weib deines Nächsten …«
(Exodus 20, 14) (Baba Mezia 5)

Dieses, ein Teil der Aufzählung im letzten der Zehn Gebote, ist eines der wenigen Sexualgesetze, die mehr auf die Absicht als auf das Tun zielen.

Gebot 5

Als die Sklaverei rechtens war, konnte ein Mann ein jüdisches Mädchen nicht kaufen, es sei denn, er oder sein Sohn heiratete sie. (Exodus 21, 8) (Kidduschin 18) »Wenn sie [eine junge Dienerin] ihrem Herrn, der sie für sich bestimmt hat, mißfällt, so soll er sie lösen lassen. Aber an fremde Sippe sie zu verkaufen, hat er nicht Gewalt, da er die Treue mit ihr gebrochen hat.« Die ursprüngliche Transaktion mit dem Vater des Mädchens wurde als Ehe angesehen, da es unvorstellbar war, daß ein Mädchen, selbst wenn sie eine Sklavin war, außerhalb einer sexuellen Beziehung, in der ihre Rechte anerkannt würden, bleiben sollte, und ihr Sklavenstatus würde vermutlich ihre Aussichten zunichtemachen.

Gebot 6

Ein Unterabschnitt des vorherigen Gesetzes; wenn ein Herr sich in eine sexuelle Beziehung mit einer Magd begibt, muß er für sie einen Übergang zur Freiheit einrichten. (Exodus 21, 9-10) (Kidduschin 19) »Wenn er sie aber für seinen Sohn bestimmt, so soll er mit ihr umgehen, wie mit einer freien Magd. Wenn er eine andere heiratet, so darf er ihre Nahrung, Kleidung und eheliches Recht nicht schmälern.«

Gebot 7

»Wenn er ihr aber diese drei Dinge nicht tut, geht sie frei, umsonst, ohne Geld.« Was in der Gesellschaft als richtiges Maß an Essen, Kleidung und sexuellen Beziehungen angesehen wird, wird als Verpflichtung des Ehemannes gegenüber seiner Frau festgelegt. (Exodus 21, 11) (Ketubbot 47) Auch eine Magd, die von ihrem Herrn als Geliebte genommen wird, hat alle sexuellen und sozialen Vorteile, die die Bibel als eheliches Erfordernis anerkennt.

Gebot 8

»Und wenn Männer sich streiten und ein schwangeres Weib stoßen, daß ihr die Kinder abgehen, aber kein anderer Unglücksfall eintritt, so werde er mit Buße bestraft, wie es ihm der Mann des Weibes auferlegt, und er soll zahlen als Beschwichtigung, wie die Richter bestimmen. Tritt aber ein Unglücksfall ein, so setze: Leben um Leben, Auge um Auge, Zahn um Zahn, Hand um Hand, Fuß um Fuß, Brandmal um Brandmal, Wunde um Wunde, Strieme um Strieme.« (Exodus 21, 22-25) (Baba Kamma)

Der Abschnitt verweist darauf, daß die Tora den Fötus vor der tatsächlichen Geburt nicht als einen kompletten Menschen ansah, denn sonst käme »Leben um Leben« bei einer Fehlgeburt ins Spiel. Dennoch zeigt es auch, daß der Fötus spirituell nicht wertlos ist und bei einer Fehlgeburt die Eltern wirklich einen Verlust erleiden und Entschädigung verdienen. Die jüdischen Abtreibungsgesetze haben eine Mittelstellung zwischen diesem Abschnitt und dem ersten Gebot in dieser Liste.

Gebot 9

»Und wenn jemand eine Jungfrau, für die der Brautpreis noch nicht bezahlt ist, betört und ihr beiliegt, so soll er sie sich zum Weib erkaufen [Mitgift]. Wenn sich aber ihr Vater weigert, sie ihm zu geben, so soll er ihm Geld zuwägen nach dem Brautpreis der Jungfrauen.« (Exodus 22, 15-16) (Ketubbot 3-4)

Gebot 10

»Und wenn von einem Mann Samenerguß abgeht [außerhalb des Geschlechtsverkehrs], so bade er seinen ganzen Körper im Wasser [einer Mikwe], und er bleibt [rituell] unrein bis zum Abend. Und jedes Kleid und jedes Fell, auf dem sich Samenerguß befindet, werde im Wasser gewaschen, und es bleibt unrein bis zum Abend. Und wenn ein Mann mit Samenerguß einem Weib beiliegt – sie sollen im Wasser baden und bleiben unrein bis zum Abend. (Leviticus 15, 16-18) (Schabbat 86)

Das »und wenn« zeigt, daß die Tora davon ausgeht, daß die Sexualität nicht ausschließlich in ehelichen Beziehungen stattfindet, für diese sexuellen Situationen gab es aber ebenfalls Gesetze. Ein aktuelles Beispiel findet sich vielleicht bei den moderneren Orthodoxen, die immer noch die Jungfräulichkeit hoch einschätzen, aber beinahe alle sexuellen Aktivitäten außer Geschlechtsverkehr praktizieren. Statt mit den Schwierigkeiten der sexuellen Enthaltsamkeit zu ringen, gibt es eine Ethik des sicheren Sex, bekannt als »alles außer«, was leicht zu einem Samenerguß führen kann. Dann gilt das oben zitierte Gebot, und die Gesetze der Mikwe werden eingehalten.

Gebot 11

»Und wenn ein Weib den Fluß hat, Blut ihr Fluß an ihrem Körper ist, so soll sie sieben Tage in ihrer Absonderung bleiben, und jeder, der sie berührt, ist unrein bis zum Abend. Und alles, worauf sie liegt in ihrer Absonderung, wird unrein, und alles, worauf sie sitzt, wird unrein. Und jeder, der ihr Lager berührt, wasche seine Kleider und bade im Wasser, und er bleibt unrein bis zum Abend. ... Wenn ein Mann ihr beiliegt, und ihre Absonderung auf ihn kommt, so ist er unrein sieben Tage; und jedes Lager, auf dem er liegt, wird unrein.« Die Menstruationsgesetze werden bis zum Ende des Kapitels fortgesetzt. In Anerkennung dieses Gebotes schlafen die meisten orthodoxen Paare in getrennten Betten, oder in nebeneinander gestellten Einzelbetten mit verschiedenem Bettzeug.
(Leviticus 15, 19-33) (Nidda)

Gebot 12

»Jedermann, all seinen Blutsverwandten sollt ihr euch nicht nahen, Blöße zu enthüllen; ich bin der Herr.« (Leviticus 18, 6) (Schabbat 13; 64; Kidduschin 70; Jebamot 62; Nidda 13)

Gebot 13

»Die Blöße deines Vaters sollst du nicht enthüllen.«
(Leviticus 18, 7) (Sanhedrin 54)

Gebot 14

»Die Blöße deiner Mutter sollst du nicht enthüllen.«
(Leviticus 18, 7)

Gebot 15

»Die Blöße des Weibes deines Vaters [einer Stiefmutter] sollst
du nicht enthüllen«, auch nach dem Tod des Vaters nicht.
(Leviticus 18, 8)

Gebot 16

Es ist einem Mann verboten, Beziehungen zu seiner Schwester
oder Halbschwester zu haben (Leviticus 18, 9)

Gebot 17

… mit der eigenen Enkeltochter, die man von einem Sohn hat
(Leviticus 18, 10)

Gebot 18

… mit der eigenen Enkeltochter, die man von einer Tochter hat
(Leviticus 18, 10)

Gebot 19

… mit der eigenen Tochter (Leviticus 18, 10)

Gebot 20

… mit der Tochter des Weibes deines Vaters [Halbschwester
väterlicherseits] (Leviticus 18, 11)

Gebot 21

… mit der Schwester oder Halbschwester deines Vaters
(Leviticus 18, 12)

Gebot 22

… mit der Schwester deiner Mutter. (Leviticus 18, 13)

Gebot 23

Man solle keine Perversionen mit seinem eigenen Onkel anfangen. (Leviticus 18, 14)

Gebot 24

Man darf keine sexuellen Beziehungen mit der Frau des Bruders des Vaters haben. (Leviticus 18, 14) Die Rabbiner erweiterten das um die Frau des Bruders der Mutter.

Gebot 25

Man darf mit einer Schwiegertochter keinen Sex haben.
(Leviticus 18, 15)

Gebot 26

Man darf keinen Sex mit der Frau des Bruders haben.
(Leviticus 18, 16)

Gebot 27

Man darf nicht eine Frau und ihre Tochter heiraten.
(Leviticus 18, 17)

Gebot 28

Man darf nicht eine Frau und die Tochter ihres Sohnes heiraten.
(Leviticus 18, 17)

Gebot 29

Man darf nicht Sex mit einer Frau und der Tochter ihrer Tochter
haben. (Leviticus 18, 17)

Gebot 30

Man darf nicht zwei Schwestern heiraten. (Leviticus 18, 18)
Jakob aber heiratete zwei Schwestern, Rachel und Lea. Die
Rabbis erklärten, das Gesetz sei nur im Heiligen Land vor
der Gesetzgebung am Sinai anwendbar, und Jakob sei zum
Zeitpunkt seiner Heiraten außerhalb der Grenzen Israels ge-
wesen.

Gebot 31

Man darf mit einer menstruierenden Frau oder einer Frau, die
nicht zur richtigen Zeit zur Mikwe gegangen ist, keinen Sex
haben. (Leviticus 18, 19) Gebot 11 bezieht sich auf den nicht-
geschlechtlichen Kontakt.

Gebot 32

»Und einem Mann sollst du nicht beiliegen, wie man einem
Weib beiliegt; Greuel ist dies.« (Leviticus 18, 22)

Gebot 33

»Und mit keinem Tier sollst du Beilager halten, dich an ihm zu verunreinigen.« (Leviticus 18, 23) An Männer gerichtet.

Gebot 34

»Und ein Weib soll nicht vor einem Tier stehen zur Begattung; eine Schandtat ist dies.« (Leviticus 18, 23) Aus dem Bisherigen geht hervor, daß die meisten Gesetze an Männer gerichtet sind. Dies ist eines der wenigen explizit an Frauen gerichteten Gesetze.

Gebot 35

Ein Kohenpriester soll keine Frau heiraten, die eine Prostituierte ist oder war. (Leviticus 21, 7) (Jebamot 53-79)

Gebot 36

Ein Kohen darf keine geschiedene Frau heiraten. (Leviticus 21, 7) Dieses Gesetz wird immer häufiger durch phantasievolle Annullierungen der ersten Ehe der Geschiedenen umgangen.

Gebot 37

Ein Kohen darf nur eine Jungfrau heiraten.
(Leviticus 21, 13)

Gebot 38

Ein Kohen Gadol [Hohepriester] darf keine Witwe heiraten.
(Leviticus 21, 14).

Gebot 39

Ein Kohen Gadol darf nicht Sex mit den ihm verbotenen Frauen haben, auch nicht außerhalb der Ehe. (Leviticus 21, 15) (Jebamot 59)

Gebot 40

Es ist verboten, einen Menschen oder ein Tier zu kastrieren oder zu sterilisieren. (Leviticus 22, 24) (Schabbat 111; Baba Mezia 90)

Gebot 41

An Jom Kippur sollt ihr »eure Seelen plagen«, dazu gehört die Enthaltung von sexuellen Beziehungen. (Leviticus 23, 27)

Gebot 42

Ein Heilmittel gegen die Eifersucht eines Mannes: Wenn eine Frau von ihrem Ehemann der Untreue verdächtigt wird, und zweimal von ihrem Ehemann vor Zeugen gewarnt wurde, und später von Zeugen gesehen wurde, wie sie mit dem des Ehebruchs angeschuldigten Mann in einen abgeschlossenen Raum ging, so kann sie vom Ehemann vor den Hohepriester gerufen werden. Sie sollte freigesprochen werden, wenn sie einen mystischen Trank trinkt (unbekannt in der Moderne). Wenn sie unschuldig ist, hätte der Trank keine Wirkung. Wenn sie schuldig ist, stirbt sie. Wenn sie unschuldig ist, wird sie gesegnet und schwanger, als Entschädigung für die falsche Anschuldigung und als Symbol ihrer sexuellen Versöhnung mit ihrem Ehemann. Es gibt kein Äquivalent in der Schrift, wie mit der Eifersucht einer Frau gegenüber ihrem irrenden Ehemann umzugehen sei. (Numeri 5, 11-31) (Sota)

Gebot 43

Die Zizit-Fransen »sollen euch zu Merkquasten sein; daß ihr sie anseht und aller Gebote des Herrn gedenkt und sie ausübt und nicht nachgeht eurem Herzen und euren Augen, denen ihr nachbuhlt.« (Numeri 15, 39) Dieser Text wird oft so interpretiert, als gehöre dazu auch das Verbot der Pornographie und anderer Sünden, die durch visuelle Erregung oder Emotion und nicht durch eine Handlung angeregt werden. (Berachot 12)

Gebot 44

»Und du sollst dich mit ihnen nicht verschwägern; deine Tochter sollst du nicht seinem Sohn geben, und seine Tochter nicht nehmen für deinen Sohn.« (Deut 7, 3) (Jebamot 23; Sanhedrin 82) Doch wenn eine Frau einen Nichtjuden heiratet, gelten ihre Kinder für alle rabbinischen rechtlichen und spirituellen Zwecke als uneingeschränkt jüdisch. Wenn außerdem der nichtjüdische Partner zum Judentum konvertiert, gilt diese Ehe nicht als Mischehe.

Gebot 45

Ein König »soll sich nicht viele Frauen nehmen, auf daß sein Herz sich nicht abwende; und Silber und Gold soll er sich nicht anhäufen in Menge.« (Deut 17, 17) Auch wenn etwas erlaubt oder ein Privileg der gesellschaftlichen Stellung ist, gibt es ein Verbot gegen das Übermaß.

Gebot 46

Vor einer Schlacht muß der Hohepriester zum Volk sprechen und unter anderem sagen, daß ein Soldat, der verlobt ist und heiraten will, nach Hause zurückkehren solle (Deut 20, 2-7) (Sota 42): »Wer ist der Mann, der ein neues Haus gebaut und es nicht eingeweiht hat? Er gehe und kehre zurück in sein Haus, daß er nicht im Krieg sterbe, und ein andrer Mann es einweihe. Und wer ist der Mann, der einen Weinberg gepflanzt und seinen Anbruch nicht gefeiert hat? [Psalm 128 vergleicht die Mutter von Kindern oder eine schwangere Frau mit einem fruchtbaren Weinstock.] Er gehe und kehre zurück in sein Haus, daß er nicht im Krieg sterbe, und ein andrer Mann ihn anbreche. Und wer ist der Mann, der einen Brautpreis gezahlt, aber noch nicht geheiratet hat? Er gehe und kehre zurück in sein Haus, daß er nicht im Krieg sterbe, und ein andrer Mann sie heirate.« (Sota 42)

Gebot 47

»Und wenn du [im Krieg] unter den Gefangenen ein Weib von schöner Gestalt erblickst ...« (Deut 21, 11-14), muß einer Reihe von Gesetzen entsprochen werden, die ihre Rechte schützen. (Jebamot 47; Kidduschin 81) Ihr wird ein Monat eingeräumt, damit sie ihre Verluste und ihre Familie betrauern kann, bevor sie zur Frau genommen werden kann.

Gebot 48

Wenn die erwähnte »Gefangene von schöner Gestalt« nicht mehr begehrt wird, muß sie direkt freigelassen werden. Sie darf nicht verkauft oder zur Sklavin gemacht werden. (Deut 21, 14)

Gebot 49

»Männertracht soll nicht sein an einem Weib« (Deut 22, 5),

Gebot 50

»und ein Mann nicht Frauengewand anziehen, denn ein Greuel, dem Herrn, deinem Gott, ist jeder, der solches tut.« (Deut 22, 5) (Nasir 59)

Gebot 51

»Ein Mann nimmt ein Weib und geht zu ihr ein.« Der Text wird dahingehend interpretiert, daß ein Mann eine Frau in Übereinstimmung mit den biblischen Gesetzen heiraten muß. (Deut 22, 13) (Kidduschin)

Gebot 52

Wenn ein Mann seine Frau zu Unrecht anschuldigt, bei der Heirat keine Jungfrau zu sein, soll er gezüchtigt und bestraft werden, und es soll ihm verboten sein, sie zu verlassen oder sich von ihr scheiden zu lassen. (Deut 22, 13.21) (Sanhedrin 8; Ketubbot 44)

Gebot 53

Vergewaltigung ist ein Kapitalverbrechen, und es ist völlig verboten, eine Frau zu bestrafen, die gegen ihren Willen zum Sex gezwungen wurde. »Wenn aber der Mann das verlobte Mädchen auf dem Feld trifft und der Mann packt sie und liegt ihr bei, dann soll der Mann, der ihr beigelegen, allein sterben. Dem Mädchen aber sollst du nichts tun.« (Deut 22, 25-26) (Baba Kamma 28; Avoda Sara 54; Ketubbot 51)

Gebot 54

»Wenn jemand ein jungfräuliches Mädchen trifft, das nicht
verlobt ist, und er ergreift sie und liegt ihr bei, und sie werden dabei betroffen, dann soll der Mann, der ihr beigelegen, dem Vater des Mädchens 50 Silberstücke geben; und sie
soll sein Weib sein. Dafür, daß er sie geschwächt hat, darf er
sich nicht von ihr scheiden lassen.« Sie jedoch hat dieses
Recht. Der Schlüssel für dieses Gebots ist darin zu sehen, daß
(1) in manchen Gesellschaften eine vergewaltigte nicht-Jung-
frau als unheiratbar betrachtet wird; und (2) daß das Paar
entdeckt werden konnte, da Schamlosigkeit die größere Sünde ist, in der der ursprüngliche Mißbrauch aufgegangen ist.
(Deut 22, 28-29)

Gebot 55

»Es soll kein durch Zerquetschung Verwundeter noch ein am
Glied Verstümmelter in die Volksschar des Herrn kommen.«
Der erste wichtige Bibelkommentator, Raschi, fügt hinzu, daß
einer, dessen Samenerguß zur Empfängnis der Frau nicht
ausreicht, oder der steril ist, nicht heiraten darf. (Deut 23, 2)
(Jebamot 76)

Gebot 56

Wer aus einer verbotenen Verbindung wie Inzest oder Ehebruch
hervorgegangen ist, darf niemanden aus einer angesehenen
Familie heiraten; und er wird zehn Generationen lang aus
Gottes Gemeinde verbannt. (Deut 23, 3) (Jebamot 49, 78; Kidduschin 78)

Gebot 57

Eine jüdische Frau darf keinen Mann aus dem Volk Moab oder Ammon heiraten, auch dann nicht, wenn er zum Judentum übertritt. Die Männer dürfen Moabiterinnen oder Ammoniterinnen heiraten, weswegen Boas die Moabiterin Rut heiraten konnte. (Deut 23, 4)

Gebot 58

Es ist jedem Israeliten und jeder Israelitin verboten, als Tempelprostituierte zu dienen. (Deut 23, 18)

Gebot 59

Bei der Prostitution verdientes Geld darf nicht für heilige Zwecke verwendet werden. (Deut 23, 19) (Teruma 29, 30)

Gebot 60

Scheidung ist erlaubt, sofern die rituellen Verfahren eingehalten werden. (Deut 24, 3) (Gittin)

Gebot 61

Ein geschiedener Mann darf seine Frau nicht wiederheiraten, wenn sie in der Zwischenzeit verheiratet war, auch wenn sie verwitwet oder geschieden ist. (Deut 24, 4) (Jebamot 11)

Gebot 62

Ein Neuvermählter braucht ein Jahr lang nicht zum Militär- oder zu einem anderen öffentlichen Dienst: »Frei sein soll er für sein Haus ein Jahr lang, daß er sein Weib erfreue, das er genommen«. (Deut 24, 5)

Gebot 63

Eine kinderlose Witwe muß den Bruder ihres Mannes heiraten (Deut. 25, 5-10) (Jebumoth 13, 93). Wenn die Brüder des Verstorbenen (dem Alter nach) die kinderlose Witwe nicht heiraten wollen, müssen sie eine festgelegte Zeremonie vor einem religiösen Gericht durchführen und die Witwe freisprechen, damit sie heiraten kann, wen sie will. (Deut 25, 9) (Jebamot 13-24, 101-106)

Gebot 64

»Wenn zwei Männer miteinander raufen, der eine mit dem andern, und es kommt das Weib des einen hinzu, um ihren Mann zu retten aus der Hand dessen, der ihn schlägt, und sie streckt ihre Hand aus und greift an seine Schamteile, so sollst du ihr die Hand abhauen; nicht härme sich dein Auge.« (Deut 25, 11-12).

Gebot 65

»Auf [Gottes] Wegen wandeln.« (Deut 28, 9) Zwar scheint dieser Satz nicht offen sexuell zu sein, doch ist er der »Weg« zu einer gelungenen Beziehung. Die Tora (Exodus 344, 6) beschreibt Gott als »barmherzig und gnädig, langmütig und reich an Liebe und Treue«. Ein Liebender sollte nicht weniger tun.

Biblisches Glossar

Im Folgenden werden ausgewählte Belegstellen aufgeführt, aus denen das Spektrum und der Geist der biblischen Überzeugungen und Werte im Zusammenhang mit Sexualität und romantischen Beziehungen hervorgehen.

Anarchie

Verbreitete Unmoral der Stämme, Gruppenvergewaltigung, homosexuelle Banden, gesellschaftliches Chaos und Bürgerkrieg. Die Israeliten heirateten niemanden aus dem Stamm Benjamin, der als die perverseste Gruppe galt. »In jenen Tagen gab es keinen König in Israel; jeder tat, was recht war in seinen Augen.« (Richter 19-21)

Braut

Vorbereitungen für die Hochzeit von Rebekka und Isaak, der Segen ihrer Familie, und »Isaak führte Rebekka in das Zelt seiner Mutter, und er nahm Rebekka, und sie wurde ihm zum Weibe, und er gewann sie lieb.« (Gen 24, 1-67)

»Laut juble ich im Ewigen, frohlockt die Seele mir in meinem Gott; daß er mich in des Heils Gewandung hat gekleidet, mich mit des Rechtssiegs Mantel hat umhüllt, wie Bräutigam in

Prunktracht feiert, die Braut sich mit dem Zierat schmückt.«
(Jes 61, 10)

»Und wie der Bräutigam sich freut mit seiner Braut, freut
deiner sich dein Gott.« (Jes 62, 5)

Rut und Boas (Rut 4, 10-15)

Brüste

»Wuchernd gleich dem Sproß des Feldes habe ich dich gemacht, du wuchsest, wurdest groß, kamst recht zu Reiz, deine
Brüste wurden fest, dein Haar wüchsig, warst aber bar und
bloß. Da kam ich an dir vorbei, sah dich, und sieh, deine Zeit
war der Liebe Zeit geworden. Da breitete ich meinen Kleidzipfel über dich und deckte deine Blöße, schwor dir und ging
in einen Bund mit dir, ist der Spruch Gottes, des Herrn, und
du warst mein.« (Ezech 16, 7-8)

»Und du dachtest des Treubruchs deiner Jugend, da von Ägypten her man dir die Brüste betastete, deines Mädchenbusens
wegen.« (Ezech 23, 21)

»Gesegnet sei dein Quell, so freue dich des Weibes deiner Jugend, der Hindin, liebend, und der Felsenziege, gunstbereit,
sie, deren Brüste jederzeit dich stillen, in ihrer Liebe bleibst
du stets entzückt.« (Proverbien 5, 18-19)

Ein Myrrhenbündel war mein Liebster mir, das zwischen meinen Brüsten ruhte. Des Zyprus Traube war mein Liebster mir
im Weingeländ En-Gedis.« (Hohelied 1, 13-14)

Buhlerin

Tamar mit ihrem Schwiegervater (Gen 38, 13-27)

»Und die Tochter eines Priesters, wenn sie sich schändet, zu buhlen, so schändet sie ihren Vater; im Feuer soll sie verbrannt werden.« (Leviticus 21, 9)

Die Israeliten huren mit Moabiterinnen. (Num 25, 1-9)

Rahab, die Buhlerin (Josua 2, 1-22)

»Einmal ging Samson nach Gaza, sah dort ein Buhlweib und schlief mit ihr.« Seine Feinde warteten in der Morgendämmerung, um ihn zu erschlagen, Samson aber verließ die Hure um Mitternacht. (Richter 16, 1-3)

Jephtas Mutter (Richter 11, 1-11)

Daß ich wegen des Ehebruchs, »den die Abtrünnige, Israel, getrieben, sie fortgeschickt und ihr einen Scheidebrief gegeben hatte; aber sie fürchtete sich nicht, ihre treulose Schwester Juda ging hin und buhlte, auch sie. Und es war, da ihre Buhlschaft ihr noch gering erschien, befrevelte sie das Land und trieb Ehebruch mit Stein und Holz.« (Jer 3, 8-9)

»Das tut man dir, da du hinter den Völkern herbuhltest, weil du unrein geworden an ihren Götzenfiguren.« (Ezech 23, 30)

Der Gerechte, der sich auflehnt, wird mit einer Hure verglichen. (Jes 1, 21)

Hoseas Weib (Hosea 1, 3)

»Begehre ihre Schönheit nicht in deinem Herzen, laß sie dich nicht mit ihren Wimpern fangen. Denn buhlend Weib raubt dir das Brot.« (Proverbien 6, 25-26)

»Denn eine tiefe Grube ist die Buhlerin, ein enger Brunnenschacht das Fremdweib. Auch sie, wie zur Beraubung lauert sie, und sammelt die Verräter unter den Menschen.« (Proverbien 23, 27-28)

»Wer Buhlerinnen folgt, vergeudet das Vermögen.«
(Proverbien 29, 3)

Ehebruch

»Von Ehebrechern voll ist ja das Land.« (Jer. 23, 10)

»Des anderen Mannes Weib fängt ihres Liebsten Leben. Schürt Feuer wer in seinem Schoß, daß seine Kleider nicht verbrennen? Geht wer auf Kohlenglut, daß seine Füße sich nicht sengen? So wer zum Weib des Nächsten eingeht, bleibt keiner ungestraft, der sie berührt.« (Proverbien 6, 26-29)

»Wer mit dem Weibe Treue bricht, hat nicht Verstand, wer sich verderben will, der tu's.« (Proverbien 6, 32)

»Des Buhlers Blick auch folgt dem Dunkeln, sprach: ›Daß mich nur kein Auge sieht!‹ Und eine Larve legt er vors Gesicht. Im Dunkel brach er Häuser auf.« (Hiob 24, 15)

Ehe

Gott erschafft Eva für Adam. (Gen 2, 18-24)

Jakob, Lea und Rachel (Gen 29, 1-28)

Kaleb sprach: »Wer Kirjat-Sefer schlägt und es erobert, dem gebe ich meine Tochter Achsa zum Weib.« (Josua 15, 16)

»Gedacht hab ich dir deiner Jugend Minne, die Liebe deiner Brautschaft, wie du mir nachgingst in die Wüste im unbesäten Land.« (Jer 2, 2)

»Du sollst dir kein Weib nehmen und sollst nicht Söhne und Töchter haben an diesem Ort.« (Jer 16, 2)

»Weil der Ewige Zeuge war zwischen dir und dem Weib deiner Jugend, der du treulos geworden, wo sie doch deine Gefährtin ist und das Weib deines Bundes.« (Maleachi 2, 14)

»Des Königs Tochter, aus Goldgewirke ihr Gewand. So führt man sie zum König, ihr nach die Mädchen, ihr als Gespielen führt man sie dir zu. Man führt sie hin in Freuden und in Lust, so kommen sie in des Königs Halle.« (Psalm 45, 13-15)

»Wer steigt heran da von der Wüste, Rauchsäulen gleich umduftet sie von Myrrhe und von Weihrauch, von allem Würzgestäub des Krämers? Seht, da ist sein, Salomos, Ruhebett, mit sechzig Helden rings darum.« (Hohelied 3, 6)

Ehemann

Adam beschuldigt Eva (Gen 3, 12)

»Zu deinem Gatten kehrt dein Hunger, und er wird dich beherrschen.« (Gen 3, 16)

Isaak liebt Rebekka. (Gen 24, 67)

Elkana hat Mitgefühl. (1. Sam 1, 8-23)

Nabal, der Widerspenstige (1. Sam 25, 2-42)

David wird verspottet. (2. Sam 6, 20)

Ahab, starrsinnig (1. Könige 21, 5-16)

Gott, »denn Gatte ist dein Schöpfer dir …« (Jes 54, 5)

»Gekannt ist in den Toren ihr Gemahl, da mit des Landes Ältesten er sitzt.« (Proverbien 31, 23)

Jobs Frau war enttäuscht, »noch hältst du fest an deinem frommen Sinn? So lästre Gott und stirb!« (Job 2, 9)

Eifersucht

Abraham fürchtet die Anziehungskraft von Saras Schönheit auf die Ägypter. (Gen 12, 12)

Sara sieht Ismael, den Sohn von Abrahams Konkubine Hagar, der Isaak verspottet. Sara verlangt von Abraham, daß er Hagar und Ismael wegschicke. (Gen 21, 9-21)

»Denn eifernd ist des Mannes Grimm, er schont ihn nicht am Tag der Rache. Er wird kein Lösegeld beachten, und ist nicht willig, häufst du das Geschenk.« (Proverbien 6, 34-35)

»Denn stark ist wie der Tod die Liebe, hart wie Scheol der Eifertrieb; Brandvögel hat sie, Feuergeier, ein Gottesflammen.« (Hohelied 8, 6)

Entmannen

Die Unrechtmäßigkeit der Entmannung (Deut 23, 2)

Delila wendet sich gegen Samson, »sie begann ihn zu beugen, und seine Kraft wich von ihm ... Da ergriffen ihn die Philister und stachen ihm die Augen aus.« (Richter 16, 19-21)

Freien

Hagar findet für Ismael eine Ägypterin, während er in der Wüste lebte. (Gen 21, 21)

Abraham arrangiert Isaaks Hochzeit. (Gen 24, 1-67)

Ohne Heiratsvermittler verliebt sich Jakob in Rachel und küßt sie, noch bevor er ihren Eltern begegnet. »So diente Jakob um Rachel sieben Jahre, und sie waren in seinen Augen wie einige Tage, weil er sie liebte.« Rachels Vater aber sprach: »So tut

man nicht an unserem Ort, die Jüngere vor der Ältern auszu-
geben.« (Gen 29, 1-30)

Samson tötet mit bloßen Händen einen Löwen, um eine Phili-
sterin zu beeindrucken, die er dann heiratet. (Richter 14, 1-20)

»Und Michal, eine Tochter Sauls, liebte David, und man erzählte es Saul, und die Sache war recht in seinen Augen. Und Saul
dachte, ›ich will sie ihm geben. Das soll ihm aber zum Fall-
strick werden, daß die Hand der Philister ihn treffe.‹« (1. Sam
18, 20-28)

Rut geht hinein, dorthin, wo Boas schläft, und legt sich um
Mitternacht zu ihm. (Rut 3, 1-14)

»Und der König liebte Esther vor allen Frauen.« (Esther 2, 17)

Frau

»Es ist nicht gut, daß der Mensch allein sei.« (Gen 2, 18)

Lots Frau wird zur Salzsäule. (Gen 19, 26)

Michal verachtet David in ihrem Herzen. (2. Sam 6, 15)

Isebel und Ahab (1. Kön 21, 1-29)

»Ein wackres Weib ist ihres Gatten Krone, wie Fäulnis im
Gebein ist ihm die Schändliche.« (Proverbien 12, 4)

»Ein Weib gefunden – Glück gefunden und Huld erlangt vom
Ewigen.« (Proverbien 18, 22)

»Sie sinnt auf Feld, erwirbt es, von ihrer Hände Frucht pflanzt
sie den Weinberg. … Die Hand reicht sie dem Armen hin, die
Arme streckt sie aus dem Elenden. … Macht und Hoheit ihr
Gewand, sie lacht des späten Tages. Den Mund tut sie mit Weisheit auf, der Liebe Weisung ist auf ihrer Zunge. Zu ihrem Haus

schaut aus die Karawane; das Brot der Trägheit ißt sie nicht. Stehn ihre Söhne auf, so preist man sie, ihr Gatte, rühmt man sie: ›Viel Töchter haben wacker sich erwiesen, du aber übertriffst sie alle!‹ Singt ihr nach ihrer Hände Lohn, man preise in den Toren ihre Werke.« (Proverbien 31, 16-31)

Der König war zornig über den Ungehorsam seiner Gemahlin Waschti und setzt sie ab, aus Furcht, »die Begebenheit mit der Königin wird hinausdringen zu allen Frauen, ihre Männer in ihren Augen verächtlich zu machen.« (Esther 1, 17)

»Job sprach zu seiner Frau: ›Wie der Gemeinen eine sprichst du; ja, soll'n das Gute wir von Gott empfangen, das Böse nicht?‹ Bei alledem versündigte sich Job nicht mit seinen Lippen.« (Job 2, 10)

Fruchtbarkeit

»Adam erkannte sein Weib Eva, und sie ward schwanger.« (Gen 4, 1)

Gott sprach zu Abraham: Sara wird dir einen Sohn gebären. (Gen 17, 15-21)

Ein Engel sprach zu Abraham: Sara wird einen Sohn haben. (Gen 18, 9-15)

Sara wird in hohem Alter schwanger. (Gen 21, 2-8)

Isaak betet für Rebekka, sie möge schwanger werden, und sie wird es. (Gen 25, 21)

Rachel bittet Jakob: »Schaffe mir Kinder! Wenn nicht, sterbe ich!« Da flammte Jakobs Angesicht auf gegen Rachel, und er sprach: »Bin ich denn an Gottes Statt, der dir Leibesfrucht versagt hat?« (Gen 30, 1-2)

Rachel, die Unfruchtbare, und Lea, die nicht mehr empfängt, geben Jakob ihre Mägde, damit er Kinder von ihnen habe. Er hat vier weitere Söhne, zwei von jeder. (Gen 30, 3-13)

»Da gedachte Gott Rachels … und öffnete ihren Schoß.« (Gen 30, 22-24)

Das Versprechen eines Engels und strenge Vorschriften für die Frau führen zur Geburt Samsons. (Richter 13, 2-25)

Elkana zu seiner Frau Hanna: »Warum weinst du? Bin ich dir nicht besser als zehn Söhne?« Sie gebiert den Propheten Samuel. (1. Sam 1, 1-18)

Michal wird mit Unfruchtbarkeit bestraft, weil sie über Davids Tanz vor der Lade gespottet hat. (2. Sam 6, 16-23)

»Einen Sohn hat sie nicht, und ihr Mann ist alt«, aber sie wird schwanger. (2. Könige 4, 14-17)

»Dein Weib sei wie ein Weinstock, fruchtend im Innern deines Hauses, wie Ölbaumstämmchen deine Kinder um deinen Tisch!« (Psalm 128, 5)

Fruchtbarkeitsmittel (Mandragoren)

Ruben gab seiner Mutter Lea Glückswurzeln. Rachel bittet Lea, ihr einige davon zu geben. (Gen 30, 14-17)

»Glückswurzeln spenden Duft an unseren Türen, Köstlichkeiten allerlei, so neue wie die alten, dir, Liebster, hab ich sie verwahrt.« (Hohelied, 7, 14)

Geheimnisse

Der Bösewicht spricht in seinem Herzen »Gott hat's verges-

sen, sein Angesicht hat er verdeckt, sieht's nimmermehr!«
(Psalm 10, 11)

»Wer seinen Nächsten schmäht, ist unverständig, der Mann der
Einsicht aber schweigt. Wer schwätzend umgeht, deckt Ge-
heimnis auf, doch wer bewährten Sinnes, hüllt die Sache.«
(Proverbien 11, 12-13)

»Des anderen Geheimnis deck nicht auf, damit der Hörende
nicht deine Schmach verrate und deine Ehre nicht verloren
sei.« (Proverbien 25, 9-10)

Göttinnenverehrung

»Und sie verließen den Ewigen und dienten Baal und den Astarten (Astarte ist eine mit Fruchtbarkeit assoziierte heidnische
Göttin).« (Richter 2, 13)

Saul wurde erschlagen, und »sie taten seine Rüstung in den
Tempel der Astarten, seinen Leichnam aber hefteten sie an die
Mauer von Bet-Schean.« (1. Sam 31, 10)

»Und Salomo folgte der Astarte, der Göttin der Sidonier, und
Milkom, dem Scheusal der Ammoniter.« (1. Kön 11, 5, 33)

Grundböse

»In Sünde ward ich ja geboren, in Schuld empfing mich meine
Mutter«. (Psalm 51, 7)

Gruppenvergewaltigung

Engel besuchen Lot in Sodom. Ein Mob sammelt sich vor seinem Haus: »Wo sind die Männer, die heute Nacht zu dir ge-

kommen sind? Führ sie heraus zu uns, daß wir ihnen beiliegen.« Lot sprach zu ihnen: »Ach, meine Freunde, handelt doch nicht so schlecht! Seht, ich habe zwei Töchter, die noch keinen Mann erkannt haben; die will ich zu euch hinausbringen; mit ihnen tut, wie es euch gut dünkt. Nur diesen Männern tut nichts, denn sie sind in den Schatten meines Hauses getreten!« Der Mob schrie zu Lot: »So Einer ist als Gast hierhergekommen, und will nun schon den Richter machen!« Sie stürmten heran, um die Tür einzubrechen, da schlugen die Engel sie mit Blindheit. (Gen 19, 4-11)

»Da umringten die Leute der Stadt, ruchlose Männer, das Haus, sich gegen die Tür drängend, und sprachen zu dem alten Mann, dem Herrn des Hauses: ›Gib den Mann heraus, der in dein Haus gekommen ist, daß wir ihm beiliegen!‹ Da ging der Hausherr zu ihnen hinaus und sprach zu ihnen: ›Nicht doch, meine Freunde, tut doch nichts Böses, nachdem dieser Mann in mein Haus gekommen ist! Tut diese Schandtat nicht! Seht, da ist meine Tochter, die Jungfrau, und seine Kebse, die will ich herausbringen, daß ihr sie schwächt und mit ihnen tut, was recht ist in euren Augen. An diesem Mann aber dürft ihr eine solche Schandtat nicht tun.« Die Kebse wurde in der Nacht vergewaltigt und starb. (Richter 19, 22-28)

Hochzeitsgaben

»Da nahm der Mann einen goldenen Nasenring, der ein Beka schwer war, und zwei Reifchen für ihre Arme, zehn Goldstücke schwer.« (Gen 24, 22)

»Dann holte der Knecht silberne und goldene Geschmeide und Gewänder hervor und gab sie Rebekka, und kostbare Gegenstände gab er ihrem Bruder und ihrer Mutter.« (Gen 24, 53)

Laban veranstaltet ein Hochzeitsfest für Jakob und Lea.
(Gen 29, 22-30)

»Legt mir viel als Brautpreis und Geschenk auf: Ich will es geben, wie ihr es mir sagen werdet; nur gebt mir das Mädchen zum Weib.« (Gen 34, 12)

»Und Tochter Tyrus‹ [kommt an] mit Gabe, es sänftigen dir das Antlitz des Volkes Reiche.« (Psalm 45, 13)

Inzest

Lots Töchter verführen ihren Vater. (Gen 19, 30-35)

»Da ging Ruben hin und lag Bilha, der Kebse seines Vaters bei.
(Gen 35, 22)

Absalom haßte Amnon, weil er seiner Schwester Tamar Gewalt angetan hatte. (2. Sam 13, 1-39)

Keuschheit

Joseph weist die sexuellen Offerten von Potiphars Weib zurück.
(Gen 39, 7-21)

»Begehre ihre Schönheit nicht in deinem Herzen.«
(Proverbien 6, 25)

»Mit meinen Augen schloß ich einen Pakt, wie sollt ich nur auf eine Jungfrau blicken!« (Job 31, 1)

»Wenn um ein Weib sich mir mein Sinn betörte, am Tor des Nächsten je ich lauernd stand, dann mag mein Weib dem andern mahlen, sich andre beugen über sie.« (Job 31, 9-12)

Konkubine

Abraham mit Hagar (Gen 16)

Nahor mit Reuma (Gen 22, 24)

Jakob mit Bilha und mit Silpa (Gen 30, 3-13)

Eliphas mit Timna (Gen 36, 12)

Eine schöne Gefangene (Deut 21, 10-14)

Gideon mit der Frau von Sichem (Richter 8, 31)

Saul und Rizpa (2. Sam 3, 7)

David »nahm noch Kebsen und Frauen aus Jerusalem«.
(2. Sam 5, 13)

Der König Salomo »liebte viele fremde Frauen, dazu die Tochter Pharaos ... von denen der Ewige zu den Kindern Israel gesagt hatte: ›Ihr sollt nicht unter sie kommen, und sie nicht unter euch.‹« (1. Kön 11, 1)

Belsazar und seine Konkubinen trinken aus den Tempelgeräten. (Dan 5, 2)

Kaleb und Epha (1. Chron 2, 46)

Manasse und die aramäische Frau (1. Chron 7, 14)

Rehobeam hatte 18 Frauen und 60 Konkubinen.
(2. Chron 11, 21)

Körper

»Ich hulde dir dafür, daß ich wunderbar gemacht bin. Ja, wunderbar sind deine Werke, und meine Seele weiß es wohl.«
(Psalm 139, 14)

Küssen

Jakob küßt Rachel vor der Hochzeit. (Gen 29, 11)

»Er küsse mich mit seines Mundes Küssen, weil köstlich ist dein Kosen mehr als Wein.« (Hohelied 1, 2)

Miteinander Schlafen

Isaak und Rebekka (Gen 24, 67)

Jakob und Lea (Gen 29, 23; 30, 16)

Kosbi und Simri (Num 25, 1-17)

David und Batseba (2. Sam 11,4)

Nacktheit

Sie waren aber beide nackt, der Mensch und sein Weib, und sie schämten sich nicht.« (Gen 2, 25)

»Da gingen ihnen beiden die Augen auf, und sie erkannten, daß sie nackt waren. Und sie nähten Feigenblätter zusammen und machten sich Schurze.« Und Gott fragt: »Wer hat es dir gesagt, daß du nackt bist?« (Gen 3, 7-11)

Michal zu ihrem Gemahl David: »Wie würdevoll war heute der König von Israel, da er sich bloßgestellt hat vor den Augen der Mägde seiner Knechte, wie sich einer der Habenichtse bloßstellt.« (2. Sam 6, 20)

»Da kam ich an dir vorbei, sah dich, und siehe, deine Zeit war der Liebe Zeit geworden. Da breitete ich meinen Kleidzipfel über dich und deckte deine Blöße, schwor dir und ging ein in einen Bund mit dir.« (Ezech 16, 8)

Parfüm

»Du zogst zum König hin mit Öl und mehrtest deine Düfte.«
(Jes 57, 9)

»Duftend hab ich mein Bett gemacht mit Myrrhen, Aloe und
Zimt.« (Proverbien 7, 17)

»Wie Duftöl, Räucherwerk des Herzens Lust erhöhen.«
(Proverbien 27, 9)

Polygamie

Nachdem er einen Mann getötet hatte, läuft Lemech zu seinen
zwei Frauen. (Gen 4, 19-24)

»Wenn ein Mann zwei Frauen hat, die eine geliebt, die andere
gehaßt.« (Deut 21, 15-17)

»Und Gidon hatte siebzig Söhne, seine Leibesnachkommen;
denn er hatte viele Frauen.« (Richter 8, 30)

Elkana hatte zwei Frauen; Pnina hatte Kinder, Hanna nicht.«
(1. Sam 1, 2)

»Und Salomo hatte an Frauen siebenhundert Hauptfrauen
und dreihundert Kebsen, da wendeten seine Frauen sein Herz
… zu fremden Göttern.« (1. Kön 11, 1-4)

Rehobeam warb eine Menge Frauen für seine Söhne.
(2. Chron 11, 23)

Satan

Die Schlange versucht Eva. (Gen 3, 1-7)

Satan will Job versuchen. (Job 1 – 2, 10)

»Und es erhob sich Satan gegen Israel.« (1. Chron 21, 1)

Schlafgemach

»Elisa, der Prophet in Israel, tut dem König von Israel die Worte kund, die du in deinem Schlafgemach redest.« (2. Kön 6, 12)

»Es jauchzen auf in Ehr die Frommen, da jubeln sie auf ihren Lagern.« (Psalm 149, 5)

»Mit Polstern hab mein Lager ich gebreitet, mit Decken aus dem Garn Ägyptens. Duftend hab ich mein Bett gemacht, mit Myrrhen, Aloe und Zimt.« (Proverbien 7, 16-17)

»Auf meinen Lagern in den Nächten, sucht ich den meine Seele liebt! Ich sucht ihn, doch ich fand ihn nicht.« (Hohelied 3, 1)

»Hinab ging mein Liebster zu seinem Garten, zu den Würzbettlein, zu weiden in den Gärten, und Lilien zu pflücken. Ich bin meines Liebsten und mein Liebster ist mein.« (Hohelied 6, 2, 3)

Schönheit

»Da sahen die Gotteswesen, daß die Töchter der Menschen schön waren, und nahmen sich Frauen, woher immer es ihnen beliebte.« (Gen 6, 2)

»Als er in die Nähe von Ägypten kam, sprach Abraham zu Sara: ›Sieh doch, ich weiß, daß du ein Weib von schönem Aussehen bist. Und es wird sein, wenn dich die Ägypter sehen und sagen: ›Sein Weib ist die!‹ so werden sie mich erschlagen, dich aber werden sie am Leben lassen.« Wirklich fühlten sich die Ägypter und Pharao zu ihr hingezogen. (Gen 12, 11-20)

»Rebekka aber war sehr schön, eine Jungfrau, noch hatte sie kein Mann erkannt.« (Gen 24, 16)

»Und die Augen Leas waren matt, Rahel aber war schön von Gestalt und schön von Aussehen.« (Gen 29, 17)

»Abigail [Davids Frau] war von guter Vernunft und schön von Angesicht.« (1. Sam 25, 3)

Vom Dach aus sah König David eine badende Frau, sie war »sehr schön anzusehen. Da sandte David hin und erkundigte sich nach dem Weib«. (2. Sam 11, 2-5)

Davids schöne Tochter Tamar. Ihr Stiefbruder Amnon »war von ihr verblendet«. (2. Sam 13, 1)

»Und so schön wie Absalom war kein Mann in ganz Israel, sehr zu rühmen, von der Fußsohle bis zum Scheitel war kein Fehl an ihm.« (2. Sam 14, 25)

»Du machst zerfallen wie die Motte seine Schönheit.« (Psalm 39, 12)

»Der König, er begehret deine Schöne, er ist dein Herr, wirf dich ihm hin.« (Psalm 45, 12)

»Der Jungen Ruhm ist ihre Kraft, der Greise Schmuck das Grauhaar.« (Proverbien 20, 29)

»Lug ist die Anmut, Dunst die Schönheit, ein Weib, das den Herrn fürchtet, wird gerühmt.« (Proverbien 31, 30)

Der König ließ Waschti rufen, »um den Völkern ihre Schönheit zu zeigen«. (Esther 1, 11)

»Esther aber war wohlgestaltet und schön von Aussehn.« (Esther 2, 7)

»Man suche für den König jungfräuliche Mädchen, schön von
Aussehn.« (Esther 2, 2)

»Und so schöne Frauen wie Jobs Töchter waren im ganzen
Land nicht zu finden.« (Job 42, 15)

Sexuelle Lust

Nachdem Sara ein Kind verheißen wurde, »lachte sie in ihrem Innern, indem sie dachte: ›Nachdem ich verwelkt, soll
mir noch Wonne werden? und mein Herr (Abraham) ist alt.‹«
(Gen 18, 12)

»Was mein Auge begehrt, hielt ich nicht fern von ihnen. Ich
versagte meinem Herzen keinerlei Lust … wirklich, alles war
eitel und Haschen nach Wind.« (Ekkl 2, 10, 11)

Tanz

»Und wenn ihr dann seht, daß die Mädchen von Silo her-
auskommen, um die Schalmeien zum Tanz zu spielen, so
kommt aus den Weinbergen hervor, und raubt euch jeder sein
Weib von den Töchtern Silos …« (Richter 21, 21)

»Als die Lade des Herrn in die Davidsstadt kam, schaute Michal,
die Tochter Sauls, durch das Fenster, und als sie den König
David vor dem Ewigen hüpfen und tanzen sah, verachtete sie
ihn in ihrem Herzen.« Michal sagte David, ihrem Ehemann:
»Wie würdevoll war heute der König von Israel, da er sich
bloßgestellt hat vor den Augen der Mägde seiner Knechte,
wie sich einer der Habenichtse bloßstellt.« Deshalb, sagt
die Bibel, hatte Michal »kein Kind bis zum Tag ihres Todes.«
(2. Sam 6, 16-23)

Verderbnis

Gott bereitet eine große Flut, nachdem er gesehen hatte, daß
»alles Fleisch seinen Wandel verderbt hatte auf der Erde.«
(Gen 6, 11-12)

Verführung

Die Schlange Eva (Gen 3, 1-7)

Sichem und Dina (Gen 34, 3-4)

Potiphars Weib und Joseph (Gen 39, 1-21)

»Und der König David war alt, vorgerückt in den Tagen, und
man bedeckte ihn mit Kleidern, aber es wurde ihm nicht
warm. Da sagten ihm seine Diener: ›Man suche für meinen
Herrn, den König, ein jungfräuliches Mädchen, daß sie vor
dem König aufwarte und ihm Genossin sei, und sie liege an
deinem Schoß, so wird meinem Herrn, dem König, warm werden.‹ Und sie suchten ein schönes Mädchen im ganzen Ge-
biet Israel, und sie fanden Abischag, die Schunammitin, und
brachten sie zum König. Das Mädchen aber war sehr schön.
Und sie ward dem König Genossin und sie bediente ihn. Der
König aber erkannte sie nicht.« (1. Kön 1, 1-4)

Vergewaltigung

»Als Sichem … [Dina] erblickte, da nahm er sie, lag ihr bei
und tat ihr Gewalt an.« Ihre Brüder ziehen um ihretwillen in
den Kampf und fragen: »Darf er unserer Schwester wie einer
Dirne tun?« (Gen 34, 1-31)

Amnon und Tamar (2. Sam 13, 6-33)

Verhalten, unzüchtiges

Kosbi und Simri betreiben in der Öffentlichkeit Unzucht.
(Num 25, 1-18)

»Da ergriff ich meine [ermordete, vergewaltigte] Kebse, zer-
stückte sie und schickte sie herum im ganzen Gefild von Israels Besitz, denn Treubruch und Schandtat hatten sie verübt
in Israel.« (Richter 20, 6)

»Sogar die Töchter der Philister schämten sich ob deines
Wandels im Treubruch.« (Ezech 16, 27)

»Drum will ich mir es wieder holen … meine Wolle, meinen
Lein, eh's ihre Blöße deckt. Und nun leg ihre Schmach ich
bloß vor ihrer Liebsten Augen; da rettet keiner sie aus meiner
Hand.« (Hosea 2, 11)

Verschwiegenheit

Ein guter Mann wird »seine Angelegenheiten mit Verschwie-
genheit regeln«. (Psalm 112, 5)

»Ein goldner Ring an eines Schweines Schnauze: ein schönes
Weib, das ohne Zucht«. (Proverbien 11, 22)

Versuchung

Tamar und Juda (Gen 38, 13-30)

Potiphars Weib und Joseph (Gen 39, 1-21)

Rahab und die Kundschafter (Josua 2, 1)

Delila (Richter 16, 4-31)

David und Batseba (2. Sam 11, 2 – 12, 24)

Isebel, die ruchlose Königin (1. Kön 21, 7)

»Denn durch das Fenster meines Hauses und durch mein Gitter schaut ich aus, da sah ich bei den Unerfahrnen, bemerkte bei den Söhnen: Ein Knabe, unverständig, geht durch den Markt auf ihre Ecke zu, betritt den Weg nach ihrem Haus im Dämmern, in des Tages Neige, zur Zeit der Nacht und Dunkelheit. Da sieh! Ein Weib kommt ihm entgegen, im Kleid der Buhlin und versteckten Sinns: Die Tollende und Trotzende, zu Hause weilen ihre Füße nicht, bald auf der Gasse, auf den Plätzen bald, an jeder Ecke lauert sie. Sie faßt ihn fest und küßt ihn, ... mit frechem Antlitz spricht sie zu ihm: ›... mit Polstern hab mein Lager ich gebreitet, mit Decken aus dem Garn Ägyptens. Duftend hab ich mein Bett gemacht mit Myrrhen, Aloe und Zimt. Komm! Laß in Liebeslust uns satt tun bis zum Morgen, in Liebe uns entzücken! Der Mann, er ist ja nicht in seinem Haus, er ist zu weitem Wege fortgezogen. Den Beutel Geldes hat er mitgenommen, am Vollmondstag kommt er nach Haus.‹« (Proverbien 7, 6-20)

Verwerfung

»Und Eli war sehr alt, und er hörte alles, was seine Söhne ganz Israel taten, und daß sie den Frauen beilagen, die sich am Eingang des Erscheinungszeltes scharten. Und er sprach zu ihnen: ›Warum tut ihr dergleichen, wie ich diese eure bösen Dinge höre?‹« (2. Sam 2, 22)

David wird wegen des Mordes an Uria und des Ehebruchs mit Batseba verworfen. (2 Sam 12, 1-25)

Vorhaut

Das Gebot der Beschneidung an Abraham. (Gen 17, 10)

Abrahams Sohn Ismael, die Diener und der ganze Haushalt, werden beschnitten. (Gen 17, 23-27)

König Saul: »So sollt ihr zu David sagen: ›Der König will keinen Brautpreis, sondern hundert Vorhäute der Philister, um Rache zu nehmen an den Feinden des Königs.‹« (1. Sam 18, 25)

Beschneidet euch dem Ewigen, entfernet eures Herzens Vorhaut.« (Jer 4, 4)

Zänkische Frauen

Als Esau vierzig Jahre alt war, nahm er zwei Frauen. »Diese aber waren ein Herzeleid für Isaak und Rebekka.« (Gen 26, 34-35)

»Samson verliebte sich in Delila. Die Fürsten der Philister zogen zu ihr hinauf und sagten ihr: ›Berede ihn und sieh zu, wodurch seine Kraft so groß ist, und womit wir ihm beikommen können, daß wir ihn binden, um ihn zu beugen; dann wollen wir dir jeder tausend und hundert Silberstücke geben.‹ Da sprach sie zu Samson: ›Wie kannst du sagen, daß du mich liebst, wenn du mich nicht zur Mitwisserin machst?‹« (Richter 16, 4-31)

»Gut ist's zu weilen auf des Daches Zinne, statt zänkisch Weib im Speicherhaus.« (Proverbien 21, 9)

»Gut ist's im Land der Wüste weilen, statt zänkisch Weib und Kränkung.« (Proverbien 21, 19)

»Ein zänkisch Weib und stetes Triefen, wenn es sehr regnet, werden wohl miteinander verglichen. Wer sie aufhält, der hält den Wind und will das Öl mit der Hand fassen.« (Proverbien 27, 15)

Register